www.ingramcontent.com/pod-product-compliance
Lightning Source LLC
Chambersburg PA
CBHW060617120726
48002CB00010B/3007

ספר
עֵץ חַיִּים
לרבינו
חיים ויטאל ז״ל
שֶׁקִיבֵּל מִמָּרָן הָאֲרִ״י זלה״ה
שַׁעַר תנת״א
שַׁעַר ה׳ פרק ב׳
דכ״א ע״ד – דכ״ב ע״ב

תש״פ
SimchatChaim.com

בהוצאת
שמחת חיים

בס"ד

הקדמה

ירפא **ה**מאציל **ו**יושיע **ה**בורא את כל חולי בני ישראל, וישלח להם רפואה שלימה, רפואת הנפש ורפואת הגוף, בכל אבריהם ובכל גידיהם לעבודתו יתברך.

בי"ב במנחם אב תשס"ה, הובהלתי לבית החולים, הרופאים לא נתנו לי סיכוי לחיות יותר מכמה שעות בגלל מספר תסבוכות. עם כל זאת בזכות התפילות של בני ישראל הקדושים, ברחמיו הרבים, ריחם עלי הקדוש ברוך הוא, ונשארתי בחיים.

עם כל זאת, הובחנה אצלי מחלה קשה בכליות, ונאמר לי שהצטרך למכונת דיאליזה. בשבילי זה היה שוק!!! אף פעם לא הייתי אצל רופא, או בבית חולים. כך בעל כרחי התחברתי למכונת דיאליזה, ומכונה זאת הייתי[1] קשורה בי ככלב במשך שמונים חודשים בדיוק, כמנין **יסוד**, במשך 10-12 שעות ביום.

בשבת פרשת **ויחי יעקב** י"ב טבת תשע"ב, בזכות בני ישראל, שכולם אהובים כולם ברורים כולם גיבורים כולם קדושים... וכולם פותחים את פיהם באהבה שלוש פעמים ביום, ואומרים - **ברוך אתה... רופא חולי עמו ישראל**, וכללותם כל האברכים, תלמידי הישיבות, רבנים וחכמים, חסידים, מקובלים עם תינוקות של בית רבן, זקנים עם נערים, בחורים וגם בתולות, בארץ הקודש ובעולם. ומצד שני בנות ישראל היקרות מפז, שהתפללו וקבלו עליהם כל מיני קבלות, מהפרשת חלה עד צניעות וכיסוי הראש, עם הרבנים, המנהלים, המורים, המורות **והתלמידות של בית יעקב דטורונטו** שכל יום התפללו, וכללו בתפילתם שבקעה את כל הרקיעים אותי, ונושעתי אני הקטן. הושתלה בי כליה. והתנתקתי ממכונת הדיאליזה.

אמר המלך דוד - לולי[2] תורתך שעשעי אז אבדתי בעניי. מה שנתן לי חיות היא התורה הקדושה, בשעות הרבות שהייתי מחובר למכונת הדיאליזה (כ12 שעות ביום), ערכתי סדרתי וכתבתי במחשב את הקונטרסים שלמדתי במשך שנים. וקונטרסים אלו הפכו לחיבור, ואחרי התלבטויות ובקשות מבני גילי, החלטתי בעזרתו יתברך להדפיס קונטרסים אלו.

ידוע הוא כי כל דברי האר"י זלל"ה ותלמידו נאמן ביתו, רבינו חיים ויטאל הם סתומים וחתומים באלפי שרשראות ומנעולים, והרב ז"ל גלה טפח וכיסה אלפים אמה, וכלל דבריהם הוא משלים, עם כל זאת העוסק במשל פועל בעלמות העליונים בנמשל. לכן צריך זהירות גדולה לא להגשים את המשלים, בסוד המבואר בספר הזוהר הקדוש - **ועלייהו אתמר** ועליהם נאמר - **ארור האיש אשר יעשה פסל ומסכה וגומר, ושם בסתר, מאי בסתר** מהו בסתר - **בסתרו דעלמא** בסתר העולם. **ובגין דא אמר קודשא בריך הוא לא תעשון אתי** ומפני זה אמר הקדוש ברוך הוא לא תעשון אתי **אלה"י כסף ואלה"י זהב, והכי אוקמוה חבריא לא תעשון אתי כדמות שמשי שמשמשין אותי** וכך העמידוהו החברים לא תעשון אתי כדמות שמשי שמשמשים אותי **במרום, לצייירא בסתר דילי שום ציור או דמיון** לצייר בסתר שלי שום ציור או דמיון, **דכל מאן דצייר לעיל לקודשא בריך הוא** שכל מי שמצייר למעלה לקדוש ברוך הוא, **בסתר** הוא, (**דאיהי שכינתיה, כלילא מעשר**

---

[1]

גמרא סוטה ד"ג ע"ב - גמרא סוטה ד"ג ע"ב – רבי אלעזר אומר, **קשורה בו ככלב**, שנאמר - ולא שמע אליה לשכב אצלה להיות. עמה לשכב אצלה בעולם הזה. להיות עמה לעולם הבא.

[2]

תהלים קי"ט צ"ב

ספיראן שהיא שכינתו, כלולה מעשר ספירות(, **שום ציור, וצלם, ודמות, כגוונא דמציירין בשמשין דיליה** שמציירים בשמשים שלו, **נשמתיה אתלבשא בההוא צלמא** נשמתו מתלבשת באותו צלם.....

וכן הוא בסוף ענף ד' דשער ד' בספר עץ חיים שער ההקדמות, וז"ל הטהור - ואמנם דבר גלוי הוא כי אין למעלה גוף ולא כח גוף חלילה. וכל הדמיונות והציורים אלו לא מפני שהם כך חס ושלום. אמנם **לשכך את האוזן** לכשיוכל האדם להבין הדברים העליונים, הרוחניים, בלתי נתפסים, ונרשמים בשכל האנושי. לכן ניתן רשות לדבר בבחינת ציורים ודמיונים, כאשר הוא פשוט בכל ספרי הזוהר. וגם בפסוקי התורה עצמה כולם כאחד עונים ואומרים בדבר הזה, כמו שאמר הכתוב עיני הוי"ה המה משוטטים בכל הארץ. עיני הוי"ה אל צדיקים. וישמע הוי"ה. וירח הוי"ה. וידבר הוי"ה. וכאלה רבות. וגדולה מכולם מה שאמר הכתוב - ויברא אלהי"ם את האדם בצלמו בצלם אלהי"ם ברא אותו זכר ונקבה וגו'. **ואם התורה עצמה דברה כך** גם אנחנו נוכל לדבר כלשון הזה, עם היות שפשוטו הוא שאין שם למעלה אלא אורות דקים בתכלית הרוחניות, בלתי נתפשים שם כלל, וכמו שאמר הכתוב - כי לא ראיתם כל תמונה, וכאלה רבות. ואמנם יש עוד דרך אחרת כדי להמשיך ולצייר בה הדברים העליונים, והם בחינת כתיבת צורת אותיות, כי כל אות ואות מורה על אור פרטי עליון, וגם תמונת זו דבר פשוט הוא כי אין למעלה לא אות ולא נקודה, **וגם זה דרך משל וציור לשכך את האוזן** כנזכר.....

ולכן כל המבואר כאן בחיבור זה הוא כדי **לשכך את האוזן**. והתרשימים שבסוף החיבור הם כדי **לשבר את העין**, לכן אין שום ביאור והסבר שלם, ואין שום תרשים שלם בתכלית השלמות.

ידוע כי[3] דברי תורה עניים במקומן ועשירים במקום אחר, **ועל אחת כמה וכמה** בדברי הרב ז"ל, שכל סוגיה חסרה[4] במקומה, וחלקיה מפוזרים במקומות אחרים. **זאת ועוד** הרב ז"ל מערבב בדרוש אחד כמה וכמה סוגיות, כאשר בפשטות דבריו נראה שכל הדרוש הוא דרוש אחד, ולא מחולק לסוגיות שונות, ושמועות שונות, **ביאור** דברי הרב ז"ל כאן הם **בעומק, והוא בעצם ליקוט** עד איפה שידי הקצרה הגיעה, מכל חלקי ספר עץ חיים, ושמונה השערים המצוינים לרב ז"ל, מבוא שערים ושאר ספרי הרב ז"ל, והוא גם על פי הקדמת רחובות הנהר למרן הרש"ש, דרושי פנימיות וחיצוניות, דרוש הדעת, סוגיות ערכין, סוגיות דכללות והתכללות, פרטות וכללות, וסוגיות עובי ואורך, ועל פי ביאור גדולי רבותינו חכמי המקובלים לדורותם זלה"ה זי"ע.

ידוע כי[5] אין בר בלי תבן, כך אין ספר בלי טעויות, ועוד יודע אני כי דל ועני אני, **ואין**[6] **עני אלא בדעה**. לכן מבקש אני בכל לשון של בקשה אם יש לכל אחד שאלות, הערות, הארות, תיקונים, נא לשלוח ל - book@simchatchaim.com והשתדל לענות, ולתקן את הצריך תיקון.

בברכה והצלחה בלימוד התורה הקדושה

ובעיקר בפנימיות התורה, תורת האר"י הח"י.

ורפואה שלימה לכל חולי ישראל.

אח"י

---

[3] **גמרא ירושלמי, ראש השנה פ"ג הלכה ה' די"ז ע"א** – דברי תורה עניים במקומן, ועשירים במקום אחר.

[4] **תורת חכם דע"ב ע"ב** – חסר לשון הוא, כמו שיראה המעיין.

[5] **גמרא ברכות נ"ה א'** – מה לתבן את הבר נאם ה', וכי מה ענין בר ותבן אצל חלום, אלא אמר ר' יוחנן משום ר' שמעון בן יוחאי ,כשם שאי אפשר לבר בלא תבן, כך אי אפשר לחלום בלא דברים בטלים.

[6] **גמרא נדרים מ"א ע"א** – אין עני אלא בדעה .

ב"ה

הקדמה קצרה לחיוב לימוד תורת הקבלה

ישמחו **ה**שמים **ו**תגל **ה**ארץ ירעם הים ומלאו. שזכינו בדור שלנו שפנימיות התורה, שהיא היא תורת הקבלה, מתפשטת לכל, וכל מקום בעולם היום לומדים בתורת הח"ן. הדור שלנו יש הרבה התעוררות ללמוד סתרי התורה הקדושה, הנקראת חכמת הקבלה. בירושלים של המאה ה18 בישיבת **בית אל** היו בקושי מנין של מקובלים, והיום תורת הקבלה מופצת בכל מקום בארץ ובעולם. לעניות דעתי אחת הסיבות העיקריות לשינוי זה הוא רצונם של בני התורה, החוזרים בתשובה ועמך לדעת את סוד החיים, למה ברא הקדוש ברוך הוא את העולם, ואת טעמי המצות, ר"ל אי אפשר היום בדור שלנו, להסביר על פי הפשט את הסיבה מדוע אסור לאכול בשר וחלב, מדוע צריך להניח תפילין, למה לשמור דווקא שבת ולא יום שלישי, אי אפשר להגיד כל הזמן **זאת גזרת הכתוב, כך רוצה הקדוש ברוך הוא**, האנשים מחפשים הסברים למצות, לסיפורי התנ"ך, לגלגולי נשמות, ועוד. ורק על ידי עסק בפנימיות התורה, אדם מסיג את ההסברים לקושיות שיש לו. **זאת ועוד** חיים אנחנו בדור של חומריות, והאנשים מחפשים את רוחניות שבחיים, אז מה עושים, נוסעים למזרח, להודו, סין, תאילנד למצוא רוחניות, ולא יודעים **ששורש כל הרוחניות בעולם נמצאת בתורה הקדושה**, עם כל זאת כאשר הלומד את פשט התורה, **הוא לא מכיר** את הקדוש ברוך הוא, והוא בלי יראת שמים ושמחה אמתית. כותב הרב המקובל האלוה"י רבינו יהודה פתייה, בפרושו הנפלא על עץ חיים - כי לימוד עץ חיים הוא עמוק מאד מאד, כי הוא **מים שאין להם סוף**, והוא קשה מאד גם לחכמים ההוגים בו תמיד, וכל שכן למתחילים. כי הוא חזק מצור, וקשה מברזל, שאי אפשר לחצוב ממנו מאומה, אם לא על ידי כלי מחצב חזקים כציפורן שמיר. וכל המתחיל בלימוד עץ חיים, אם לא יהיה לו רב, או לפחות איזה מפרש המפרש לו כוונת הפרק ההוא לפי פשוטו, נבול יבול, ואינו יכול לעמוד על הפרק כי אם לאחר יגיעה רבה, ושקידה עצומה, וכולי האי ואולי. כי הרבה פעמים יסבור המעיין שהבין הענין ההוא כראוי, ואחר שילמוד עוד איזה פרקים אחרים, ירגיש כעצמו שלא הבין את פרקים הקודמים, והניסיון יעיד על זה, עד כאן דברי קודשו. עם כל זאת חייב כל אדם לעסוק בתורת ה**ח**יים.

צדיק אתה הוי"ה וישר משפטיך. כתב הרב רבינו חיים ויטאל ז"ל בהקדמה לשער ההקדמות - והנה מה שכתב בתחילת דבריו, ואפילו כל אינון דמשתדלי באורייתא כל חסד דעבדי לגרמייהו וכו', עם היות שפשטו מבואר ובפרט בזמנינו זה, בעוונותינו היום אשר התורה נעשית קרדום לחתוך בה אצל קצת בעלי תורה, אשר עסקם בתורה על מנת לקבל פרס, והספקות יתירות, וגם להיותם מכלל ראשי ישיבות, ודיני סנהדראות, להיות שמם וריחם נודף בכל הארץ, **ודומים במעשיהם לאנשי דור הפלגה הבונים מגדל וראשו בשמים**, ועיקר סיבת מעשיהם היא מה שאמר אחר כך הכתוב - **ונעשה לנו שם**... והנה על הכת הזאת אמרו בגמרא כל העוסק בתורה שלא לשמה, נוח לו שנהפכה שלייתו על פניו, ולא יצא לאויר העולם. ואמנם האנשים האלה מראים תימה וענוה באמרם כי כל עסקם בתורה הוא לשמה. והנה החכם הגדול התנא רבי מאיר ע"ה העיד עליהם שלא כך הוא, באומרו לשון כללות - כל העוסק בתורה לשמה זוכה לדברים הרבה וכו', **ומגלים לו רזי תורה, ונעשה כנהר שאינו פוסק**, והולך

וכמעיין המתגבר מאליו, בלתי הצטרכו לטרוח ולעיין בה, ולהוציא טיפין של מימי התורה מן הסלע, הנה זה יורה שאינו עוסק בתורה לשמה כהלכתה, ומי זה האיש אשר לא יזלו עיניו דמעות בראותו המשנה הזאת, **ורואה חסרונו ופחיתותו**, עד כאן לשונו. לכן כל אחד צריך לטעום מעץ החיים.

חצות לילה אקום להודות לך על משפטי צדקך. כתב רבינו אליהו מני זצ"ל רבו של הרי"ח הטוב, בספרו הקדוש כסא אליהו שער ד' וז"ל - ואם זיכך הוי"ה ללמוד בחכמת האמת, הנה עצה היעוצה היא שכל סדר הלימוד בנגלה תתנהג בו ביום דווקא. **אבל בלילה תלמוד בחכמת האמת, והעיקר הלימוד אחר חצות,** כי זה הלימוד צריך ישוב דעת הרבה, וכשיקוץ האדם אז דעתו מיושבת עליו יותר. גם גה הלימוד צריך הסתר והצנע, **וכל דבר שיהיה בלילה ובפרט אחר חצות יהיה נסתר יותר מן היום.** ותעשה ועד עם החברים בבית המדרש אם הוא צנוע, **או בביתך ותלמדו בכל לילה,** עד כאן לשונו. וישב ללמוד האדם בלילה תחת עץ החיים.

קראתי בכל לב עניני הוי"ה חקיך אצרה. בהקדמה[7] לשער ההקדמות מבאר הרב ז"ל - ואמנם אל יאמר אדם אלכה לי ואעסוק בחכמת הקבלה, מקודם שיעסוק בתורה במשנה ובתלמוד, כי כבר אמרו רבינו ז"ל - אל יכנס אדם לפרדס **אלא אם כן מלא כריסו בבשר ויין,** והרי זה דומה לנשמה בלתי גוף, שאין לה שכר ומעשה וחשבון, עד היותה מתקשרת בתוך הגוף, בהיותו שלם מתוקן במצות התורה בתרי"ג מצות. **וכן בהפך** בהיותו עוסק בחכמת המשנה והתלמוד בבלי, ולא יתן חלק גם אל סודות התורה וסתריה, כי **הרי זה דומה לגוף היושב בחושך,** בלתי נשמת אדם נר הוי"ה המאירה בתוכה, **באופן שהגוף יבש בלתי שואף ממקור חיים,** אשר זהו ענין אומרו במקום אחר ההוא הנזכר לעיל וז"ל - דאילין אינון דעבדי לאורייתא יבשה, ולא בעאן לאשתדלא בחכמת הקבלה וכו'. באופן כי התלמידי חכמים העוסקים בתורה לשמה, ולא לשמו, לעשות לו שם. צריך שיעסוק בתחילה בחכמת המקרא, והמשנה, והתלמוד, כפי מה שיוכל שכלו לסבול. ואחר כך יעסוק לדעת את קונו בחכמת האמת, וכמו שציוה דוד המלך ע"ה את שלמה בנו - דע את אלה"י אביך ועבדהו. ואם האיש הזה יהיה כבד וקשה בענין העיון בתלמוד, מוטב לו שיניח את ידו ממנו, אחר שבחן מזלו בחכמה זאת, ויעסוק בחכמת האמת. וזה שמבואר כל תלמיד חכם שאינו רואה סימן יפה בתלמוד בחמשה שנים, שוב אינו רואה, עד כאן דברי קודשו. ומזה כל אחד ואחד חייב להדבק במקור החיים.

חסדך הוי"ה מלאה הארץ חקיך למדני. בשער הגלגולים, בקדמה ט"ז כתב הרב ז"ל - עוד צריך שתדע, כי האדם צריך לקיים כל התרי"ג מצות, במעשה, ובדבור, ובמחשבה. וכמו שאמרו ז"ל על פסוק - זאת התורה לעולה ולמנחה וכו', כל העוסק בפרשת עולה, כאלו הקריב עולה וכו'. וכוונו בזה שהאדם מחוייב לקיים כל התרי"ג מצות בדבור, וכן על דרך זה במחשבה. ואם לא קיים כל התרי"ג בשלשה בחינות הנזכרות, מחוייב להתגלגל עד שישלים אותם. **עוד דע,** כי האדם מחוייב לעסוק בתורה בארבעה מדרגות, **שסימנם פרד"ס,** והם, פשט, רמז, דרוש, סוד וצריך שיתגלגל עד שישלים אותם. ובהקדמה י"ז כותב הרב ז"ל, וז"ל - שהאדם **מחוייב לעסוק בתורה בארבעה מדרגות שבה,** והיא זאת, דע, כי כללות כל הנשמות

<hr>

ע"ח ד"א ע"ד.

הם ששים רבוא ולא יותר. והנה התורה היא שרש נשמות ישראל, כי ממנה חוצבו, ובה נשרשו. ולכן יש בתורה ששים רבוא פירושים, וכלם כפי הפשט. וששים רבוא ברמז. וששים רבוא בדרש. **וששים רבוא בסוד**. ונמצא, כי מכל פירוש מן הששים רבוא פרושים, ממנו נתהווה נשמה אחת של ישראל, ולעתיד לבא כל אחד ואחד מישראל, ישיג לדעת כל התורה כפי אותו הפירוש המכוון עם שרש נשמתו, אשר על ידי הפרוש ההוא נברא ונתהווה כנזכר. וכן בגן עדן אחר פטירת האדם, ישיג כל זה. וכן בכל לילה כאשר האדם ישן, ומפקיד נשמתו ויוצאה ועולה למעלה, הנה מי שזוכה לעלות למעלה, מלמדים לו שם אותו הפירוש, שבו תלוי שרש נשמתו. ואמנם הכל כפי מעשיו ביום ההוא, כך באותה הלילה ילמדוהו, פסוק אחד, או פרשה פלונית, כי אז מאיר בו יותר פסוק ההוא משאר הימים. ובלילה האחרת יאיר בנשמתו פסוק אחר, כפי מעשיו של אותו היום, וכולם על דרך הפירוש ההוא אשר תלויה בו שרש נשמתו כנזכר, עד כאן דברי קודשו. ור"ל שכל יהודי ויהודי חייב להשיג את שורש נשמתו, וללמוד את סוד ה**חיים**.

יבאוני רחמיך ואחיה כי תורתך שעשעי. מבואר במדרש משלי - אמר רבי ישמעאל, בוא וראה כמה קשה יום הדין שעתיד הקדוש ברוך הוא לדון את כל העולם כולו בעמק יהושפט. בזמן שתלמידי חכמים באים לפניו, אומר לכל אחד מהם - כלום עסקת בתורה, אמר לו הן, אומר לו הקדוש ברוך הוא הואיל והודית, אמור לפני מה שקרית, ומה ששנית בישיבה, ומה ששמעת בישיבה. מכאן אמרו - כל מה שקרא אדם יהא תפוש בידו, ומה ששנה כמו כן, שלא תשיגהו בושה ליום הדין. מכאן היה רבי ישמעאל אומר - אוי הלה לאותה בושה, אוי לה לאותה כלימה, ועל זה ביקש דוד מלך ישראל בתפילה ובתחנונים לפני המקום ואמר - הוי"ה בוקר תשמע קולי בוקר אערך לך ואצפה. בא לפניו מי שיש בידו מקרא ואין בידו משנה, הקדוש ברוך הוא הופך את פניו ממנו, ושרי גיהנם מתגברים בו כזאבי ערב, ונוטלין אותו ומשליכין אותו לתוכה. בא לפניו מי שיש בידו שני סדרים או שלושה, אז הקדוש ברוך הוא אומר לו - בני, כל ההלכות למה לא שנית אותם, ואם אומר הקדוש ברוך הוא הניחוהו, מוטב, ואם לאו עושין לו כמידת הראשון. בא לפניו מי שיש בידו הלכות, הקדוש ברוך הוא אומר לו - בני, תורת כהנים למה לא שנית, שיש בה טומאה וטהרה, וטומאת שרצים וטהרת שרצים, טומאת נגעים וטהרת נגעים, טומאת נתקים ובתים וטהרת נתקים ובתים, טומאת זבים ולידה וטהרת זבים ולידה, טומאת מצורע וטהרתו, סדר ווידוי יום הכיפורים, וגזירות שוות, ודיני ערכים, וכל דין שדנו ישראל לא דנו אלא מתוכו. בא לפניו מי שיש בידו תורת כהנים, אומר לו הקדוש ברוך הוא - בני, חמישה חומשי תורה למה לא שנית, שיש בהם קריאת שמע, ותפילין, ומזוזה. בא לפניו מי שיש בידו חמישה חומשי תורה, אומר לו - בני, למה לא למדת הגדה, ולא שנית, שבשעה שחכם יושב ודורש, אני מוחל ומכפר עוונותיהם של ישראל, ולא עוד אלא בשעה שעונין אמן יהא שמיה רבה מברך, אפילו נחתם גזר דינם אני מוחל ומכפר להם עוונותיהם. בא לפניו מי שיש בידו הגדה, אומר לו הקדוש ברוך הוא - בני, תלמוד למה לא שנית, שנאמר - כל הנחלים הולכים אל הים והם איננו מלא, זה התלמוד, שיש בו חכמות הרבה. בא מי שיש בידו תלמוד, הקדוש ברוך הוא אומר לו - בני, הואיל ונתעסקת בתלמוד, **צפית במרכבה, צפית בגאוה**, שאין הנייה בעולמי, אלא בשעה שתלמידי חכמים יושבים ועוסקים בתורה, מציצין ומביטין ורואין והוגין המון התלמוד הזה - **כסא כבודי היאך הוא עומד. רגל הראשונה במה היא משמשת, שנייה במה היא משמשת, שלישית במה היא משמשת, רביעית במה היא משמשת, חשמל היאך הוא עומד, ובכמה פנים הוא מתהפך בשעה**

אחת, לאי זה רוח הוא משמש, הברק היאך הוא עומד, כמה פנים של זוהר נראין בין כתפיו, לאיזה רוח משמש, כרוב היאך הוא עומד, לאי זה רוח הוא משמש. גדולה מכולם עיון כיסא הכבוד, היאך הוא עומד, עגול הוא כמין מלבן, ומתוקן הוא, כמה גשרים יש בו, כמה הפסק בין גשר לגשר, וכשאני עובר באיזה גשר אני עובר, ובאי זה גשר האופנים עוברים, ובאיזה גשר הגלגלים עוברים. גדולה מכולם מצפורני ועד קודקודי, היאך אני עומד, כמה שיעור בפיסת ידי, וכמה שיעור אצבעות רגלי. גדולה מכולם כיסא כבודי, היאך הוא עומד, לאיזה רוח הוא משמש, באחד בשבת לאיזה רוח הוא משמש, בשני בשבת לאיזה רוח הוא משמש, בשלישי בשבת לאיזה רוח הוא משמש, ברביעי בשבת, בחמישי בשבת, בששי בשבת לאיזה רוח משמשין, וכי לא זהו הדרי, זהו גדולתי, זהו הדר יופי, שבניי מכירין את כבודי במידה הזאת. ועליו אמר דוד - מה רבו מעשיך הוי"ה, כולם בחכמה עשית, מלאה הארץ קנייניך. עד כאן לשון המדרש. ממדרש זה לומדים על חובת כל אחד ואחד מישראל את לימוד כל חלקי הפרד"ס, ובעיקר את בחינת הסוד שבתורה, הנקרא[8] מעשה מרכבה, ובמעשה בראשית. ומבאר הרב בית לחם יהודה על השינוי שיש בפסוקים במעמד הר סיני, בפסוק אחד כתוב - ויחן שם **ישראל** תחת ההר. ומספר פסוקים יותר מאוחר כתוב וירא **העם** וינועו מרחק. וידוע כי כאשר כתוב בתורה **ישראל**, מדובר **בבני ישראל**, וכאשר כתוב **העם**, מדובר על **הערב רב**. וז"ל הרב בית לחם יהודה - ובזוהר בהעלותך דף קנ"ב ע"א קרי להעוסקים בחכמת האמת, אינון דהוי קיימי בטורא דסיני. וז"ל - חכמין עבדי דמלכא עלאה אינון דקיימו בטורא דסיני, לא מסתכלי אלא בנשמתא, דאיהי עיקרא דכלא אורייתא ממש וכו'. ונראה בעיני אם מותר, משמע אותן שאינן יודעים סודות התורה לא עמדו על הר סיני, עד כאן לשונו. ונראה לי בביאור כוונתו כי בתחלה כשיצאו ישראל לקראת האלהי"ם, היו מתייצבים בתחתית ההר, ואחר כך נאמר וירא העם וינועו ויעמדו מרחוק, כי היו יראים פן תאכלם האש הגדולה הזאת וימיתו. והיה מקצת מהעם שהיו ששים ושמחים לקראת השכינה, ולא רצו לזוז ממקומם הראשון, ולעמוד מרחוק, אפילו אם ימיתו ממש. ועליהם הוא מה שכתב בזוהר הנזכר - אינון דקיימו בטורא דסיני, כלומר ולא נעו ועמדו מרחוק, אלא עמדו בטורא דסיני מתחלה ועד סוף, ולכן הם זוכים לחכמת האמת. ואותם הנשמות אשר נעו עם העם ועמדו מרחוק, כן הם עושים גם עתה, שנסים ועומדים מרחוק לחכמת האמת מיראתם, פן תאכלם האש הגדולה הזאת. ולכן על כל אחד ואחד מבני ישראל הקדושים מחויב לעמוד תחת עץ החיים.

יראיך יראוני וישמחו כי לדברך יחלתי. בספר הזוהר הקדוש מבואר מדוע התפילות של בני ישראל לא נענות, וז"ל תיקוני הזוהר תיקון מ"ג - **בראשית תמן את"ר יב"ש** במלת בראשית יש אותיות את"ר יב"ש, **ודא איהו ונהר יחרב ויבש** היסוד הנקרא נהר יחרב ויבש ממי השפע, ואין לו מה להשפיע למלכות, **בההוא זמנא דאיהו יבש** באותו הזמן שהיסוד הוא יבש, **ואיהי יבשה** המלכות הנקראת יבשה, היא יבשה כי לא מקבלת שפע מהיסוד, אז כאשר **צווחין בנין לתתא** מתפללים וצועקים בני ישראל, **ביחודא ואמרין** וביחוד שאומרים בני ישראל **שמע ישראל** הנקרא ז"א שיבא ז"א הנקרא ישראל להתיחד עם נוקבא בשעת התפילה דעמידה, עם כל זאת **ואין קול** של התפילה או הקריאת שמע שעוזרים לזיווג דזו"ן **ואין עונה** ואין מי שיענה וימלא את הבקשות בתפילתם. **הדא הוא דכתיב** וזהו שכתוב - **אז** בני ישראל יקראונני

גמרא חגיגה די"א ע"ב

בני ישראל בעת צרתם בקריאת שמע ובתפילה, **ולא אענה** ואני לא אענה אותם בתפלתם, מפני שלא לומדים ומתעסקים בפנימיות התורה. **והכי מאן דגרים דאסתלק** וכל מי שגורם הסלקות פנימיות תורת **הקבלה וחכמתא מאורייתא דבעל פה** **ומאורייתא דבכתב** מהתורה שבעל פה והתורה שבכתב, **וגרים דלא ישתדלון בהון** וגורמים גם לאחרים שלא יתעסקו וילמדו את חכמת הקבלה, **ואמרין דלא אית אלא פשט באורייתא ובתלמודא** ואומרים שאין בתורה ובתלמוד אלא פשט התורה, בלי פנימיות הסוד, **בודאי כאלו הוא יסלק נביעו מההוא נהר** בודאי נחשב לו כאילו הוא מסתלק את נביעת שפע החכמה והבינה מן היסוד, **ומההוא גן** ומן הנוקבא הנקראת גן, **ווי ליה** לאותו יהודי **טב ליה דלא אתברי בעלמא** טוב לו שלא היה נברא, **ולא יוליף ההיא אורייתא דבכתב ואורייתא דבעל פה** ולא היה לומד תורה שבכתב ותורה שבעל פה, כי דינו כעם הארץ שלא למד כלל, ועוד **דאתחשב ליה כאלו אחזר עלמא לתהו ובהו** שנחשב לו כאילו החזיר את העולם לתהו ובהו, ר"ל לסוד שבירת הכלים לפי שמגביר הקליפות כאשר הנהר והגן יבשים, **וגרים עניותא בעלמא ואוריך גלותא** וגורם עניות בעולם ומאריך את הגלות השכינה וביאת המשיח. עד כאן דברי הזוהר הקדוש. וכותב רב חיים ויטאל זלה"ה בהקדמה וז"ל - אמנם שעשועות של הקדוש ברוך הוא בתורה, והיותו בורא בה את העולמו, היתה בהיותו עוסק בתורה בבחינת הנשמה הפנימית שבה, הנקרא - רזי תורה, הנקרא מעשה מרכבה, **היא חכמת הקבלה** כנודע אל היודעים, וטעם הדבר הוא להיותו עולם האצילות העליון מאד, טוב ולא רע, דלא יכיל להתערבא עמיה קליפה, ועליה אתמר - וכבודי לאחר לא אתן, כנזכר בספר התיקונין דף ס"ו תיקון י"ח, וכן בספר הזוהר בפרשת בראשית דף כ"ח ע"א עיין שם. ולכן גם התורה אשר שם]**אח**[**"י** - בעולם האצילות] איננה רק מופשטת מכל לבושי הגופנים, מה שאין כן למטה בעולם היצירה, עולם דמטטרו"ן, הנקרא עבד טוב, והוא הנקרא עץ הדעת טוב מסטרא, ומסטרא דסמא"ל שהוא קליפין דיליה, **נקרא עבד רע**, כי התורה אשר שם, הם שית סדרי משנה **הנקראים שפחה** כנזכר לעיל, וכנזכר בפרשת בראשית שם דף כ"ז ע"א. ולכן נקראת משנה, לפי ששם יש שינויים הפוכים **טוב מסטרא דעבד טוב**, היתר, כשר, טהור, **רע מסטרא דעבד רע**, איסור, טמא, פסול. גם הוא מלשון כי מרדכי היהודי משנה למלך, שהיה שפחה הנקרא עבד מלך, מלך גם נקרא מלשון שינה, כנזכר בפרשת פינחס דף רמ"ד ע"ב - קם זמנא תנינא ואמר, מארי מתניתין בשמתין ורוחין ונפשין דילכון אתערו כען ואעברו שינתא מניכון דאיהו, ודאי משנה אורח פשט, דהאי עלמא ואנא לא אתערנא בכו, אלא ברזין עילאין דעלמא דאתי דאתון בהון, לא ינום ולא ישן. וזה יובן במה שמבואר יותר למעלה שם - **ורבנן דמתניתין ואמוראי, כל תלמודא דלהון על רזין דאורייתא סדרו ליה**. ונמצא כי המשנה והש"ס הם הנקרא גופי תורה. והנה דבריהם כחלום בלי פתרון, **ורזיה וסתריה הפנימים הנקרא נשמת התורה, הם הם פתרון החלום הנפתר בהקיץ**, בסוד - אני ישנה ולבי ער, וכמו[9] שאמרו חכמים ז"ל - **במחשכים הושיבני כמתי עולם, זה תלמוד בבלי**, אשר איננו מאיר אלא על ידי ספר הזוהר, **הם הם רזי תורה וסתריה** אשר עליהם נאמר - ותורה אור. ואין ספק כי כמו שהיצר נקראת עבד ושפחה בערך האצילות, ונקרא קליפין ולבושין דחול, כנזכר בהקדמת ספר התיקונין ד"ג ע"ב וז"ל - וביומי דחול לביש עשר כתות דמלאכיא דמשמשי לעשר ספירות דבריאה. ואם כן לתמוה כי התורה אשר שם שהיא המשנה, תהיה נקרא שפחה וקליפין דתורה דאצילות, וזה סוד כל הבשר חציר הנזכר

---

⁹ סנהדרין דכ"ד ע"א.

לעיל במאמר הראשון, כי כמו שהחטה שהיא בגימטריא כמנין כ"ב אותיות התורה, הגנוזה תוך כמה קליפין ולבושין שהם הסובין והמורסן והתבן והקש והעשב, הנקרא חציר, כן המשנה אצל סודות התורה נקרא חציר, וזה נרמז בספר הזוהר פרשת כי תצא ברעיא מהמנא דף רע"ה ע"ב - **אצל רבנן ווי לאינון דאכלין תבן דאורייתא, ולא ידעי בסתרי אורייתא, אלא קלין וחמורין דאורייתא, קלין אינון תבן דאורייתא, וחמורין אינון חטה דאורייתא, ח"ט ה' אלנא דטוב ורע וכו'.** ואלו באתי להרחיב דרוש זה לא יספיקו מאה קונטרסין בלי ספק בלי שום גוזמא, האמנם החכם החכם עיניו בראשו כי דברי אמת אני אומר, ואל יתמה האדם בראותו ספר הזוהר איך קורא אל המשנה שפחה וקליפין, כי עסק המשנה כפי פשטיה, **אין ספק שהם לבושין וקליפין חיצונים בתכלית אצל סודות התורה הנגנזים**, ונרמזים בפנימיותה כי כל פשטיה הם בעלם הזה בדברים חומרים תחתונים..... על כן על כל בני ישראל לאכול מעץ החיים.

מה אהבתי תורתך כל היום היא שיחתי. ומבאר הרב ז"ל בהקדמה לשער המצות, כי עסק לימוד פנימיות התורה הוא חלק בלתי נפרד מתלמוד תורה, וז"ל - גם בענין עסק התורה שהיא אחת מרמ"ח מצות עשה, אם לא השלים אותה, **שהוא ענין עסקו בפרד"ס התורה,** שהוא ראשי תיבות **פשט רמז דרש סוד,** בכל בחינה מהם כפי אשר יוכל להסיג, **עד מקום שידו מגעת,** לטרוח ולעשות לו רב שילמדנו. ואם לא עשה כן, הרי חסר מצוה אחת של תלמוד תורה, שהיא גדולה ושקולה ככל המצות, וצריך **להתגלגל** עד שיטרח הארבעה בחינות של פרד"ס כנזכר. וכן מבאר הרב בית לחם יהודה בהקדמתו הקדושה, וז"ל - ומה מאד נמלצו [**אח"י** - מלשון מליצה] בזה דברי הנביא ירמיה)סימן כ"ב(באומרו - אל תבכו למת וכו'. שהוא מדבר עם הציבור המתקבצים להספיד על איזה צדיק הנפטר רח"ל, על שנחסר צדיק אחד מהמדור שהיה מנין בזכותו עליהם. וקאמר להו הנביא אל תבכו וכו', **לפי שרובם של צדיקים אינם זוכים לעסוק בכל ארבעה חלקי הפרד"ס, ואם כן מוכרחים הם לחזור ולבוא בגלגול כדי להשלים לימודם בארבעה חלקים**, כי אפילו הוא עסק בשלוש חלקי הפרד"ס, לא יצא ידי חובתו, ועליו נאמר הן כל אלה יפעל א"ל פעמים שלש עם גבר, להחזירו בגלגול. ואם כן הויא פסידא דהדרא. ואפשר שבו ביום שנפטר הוא חוזר ומתגלגל, כנזכר בזוהר ריש פרשת אמור, יעו"ש. ואם כן אין לכם פסידא כל כך. אמנם בכו בכו להלך, לאותו צדיק שכבר עסק בארבעה חלקי הפרד"ס. כי תיבת להלך היא חסר ו', ואם תחשוב תיבת להלך ארבעה פעמים עם ארבעה הכוללים, שהם כנגד ארבעה חלקי הפרד"ס, הם בגימטריא פרד"ס. **שזה הצדיק לא ישוב עוד וראה את ארץ מולדתו, כי על ארבעה לא אשיבנו.** שזהו פסידא דלא הדרא באמת, ונחסר לגמרי מן העולם הזה, עד כאן לשונו. ולכן חובה על כל אדם לעסוק בכל חלקי הפרד"ס, ובפרט בחלק הסוד, הנקרא פנימיות התורה, כמבואר בזוהר הקדוש כמובא בזוהר הקדוש פרשת נשא דף קכ"ד - **בהאי חבורא דילך דאיהו ספר הזוהר יפקון ביה מן גלותא ברחמי,** בזכות הלימוד בספר הזוהר הקדוש, יצאו בני ישראל מהגלות **ברחמים.** ועוד כל מי שחשקה נפשו ללמוד, אסור למנוע זאת ממנו, בסוד הפסוק[10] - אל תמנע טוב מבעליו, ועל כל אדם להיכנס לפרד"ס החיים.

משלי ג' כ"ז – אל תמנע טוב מבעליו בהיות לאל ידך לעשות.

אשרי האיש אשר לא הלך בעצת רשעים ובדרך חטאים לא עמד ובמושב לצים לא ישב. דע כי יהיו הרבה אנשים רשעים, שינסו למנוע מבני ישראל הקדושים ללמוד בכללות תורה, ובפרט את תורת הקבלה, מכל מיני סיבות ומניעות, והשטן מדבר מגרונם של אלו הרשעים. ואלו דברי קודשו של בעל שבט מוסר רבינו אליהו הכהן האתמרי זצלה"ה - ובהביטך בן אדם מה שעבר על אחרים למה תרדוף אתה אחר כל אלה הדברים הזרים, להשביע נפש מרורים ולמוסרה ביד צרים המה המקטרגים הצוררים, ולמה לא תחמול על נפשך ועל נועם תבנית צלם גופך למוסרו בידן ולהשליכו בתוך גחלי רתמים בטיט היון של גיהנם, להשחירו ולהתיכו כאשר ניתך נתך הזפת בפני האש, אשר על כן תן עצה אתה בנפשך **לברור בדרך החיים בעסק התורה והמצות**, וגם להצטער עצמך זמן קצוב הם חיי עולם הזה, כדי שתתענג זמן רב בלתי סוף ותכלית, ואל יעלה על דעתך כאשר עלה בדעת הרבה שנאבדו בידם באומרם כיון שמכיר אני בעצמי שאין בדעתי להבין ולהשכיל, איני עוסק בתורה, טועה הוא בדבר, שהרי הוא מחוייב לעשות מה שנצטוה לעשות, ואם יבין יבין, **שהרי והגית בו יומם ולילה כתיב** ולא כתיב ותבין בו, וכן תמצא בדברי התנא אם למדת תורה הרבה נותנין לך שכר הרבה, ואינו אומר אם הבנת הרבה, אלא למדת אמרו, ותשתדל להבין ואם תבין תבין, ואם לא שכר לימודך בידך, וכמאמר התנא לפום צערא אגרא, ומה גם שאמרו האדם איני לומד מפני שאיני מבין, **הוא פיתוי היצר**, יתמיד בלימודו וסוף הבינה לבא, שבראות קדוש ברוך הוא **חשקו בתורתו ודבקותו בה, פותח לו מעייני החכמה**, דכתיב - כי הוי"ה יתן חכמה מפיו דעת ותבונה. והנני מוסר לך דבר אשר תרדוף אחריה, ויהיה חיים לנפשך וענקים לגרגרותיך, **לעולם יהיה עיקר לימודך בדבר של תורה שליבך חפץ יותר**, אם בגמרא גמרא, ואם בדרוש דרוש, ואם ברמז רמז, **ואם בקבלה קבלה**, ורמז לדבר כי אם בתורת הוי"ה חפצו, כלומר תורת הוי"ה תלויה בדבר שלבו חפץ לעסוק, וכמו שמבאר האר"י זלה"ה בספר דרושי הנשמות והגלגולים פרק שלישי, וז"ל - יש בני אדם שכל חפצם ועסקם בפשטי התורה, ויש שעסקם בדרוש, ויש ברמז, ויש גם כן בגימטריות, **ויש בדרך האמת**, הכל כפי מה שעליו נתגלגל בפעם ההוא, כיון שהשלים פעם אחרת בשאר העניינים, אין צורך לו שבכל גלגול יעסוק בכולם, עד כאן לשונו. **ואל תביט ותשגיח לדברי המתנגדים על מה שחשקת לעסוק בתורה** בגמרא או בפשט או בדרוש וכו', באומרם לך למה אתה מוציא כל ימיך בפרט זה של תורה ולא בפרט זה, משום שעל מה שחשקת ללמוד, על דבר זה באת לעולם, ואם תשים דעתך לדבריהם, יכריחוך להתגלגל בזה העולם פעם אחרת ולעבור נפשך בחרב חדה של מלאך המות ולטעום טעם מיתה, ולכן לא תשמע לדברי המשחית נפשך, **כי דע שהשטן מתלבש באלו האנשים לדאוג ולהצטער ולהכאיב נפש הלומד ועוסק בתורה**, בחלק שֶׁאָוְּתָה נפשו לעסוק, כדי להבדילו משם שלא ישלים נפשו, על מה שבא להשלימה, ולהכריחו גלגולים אחרים, וכשם שבדבר שחושק יותר האדם ללמוד, משם יבין שעל דבר זה נתגלגל להשלים, כך צריך האדם שידע שורש נשמתו ומהיכן נמשך ועל מה בא לתקן ולהשלים, כמו שאמר בזוהר שיר השירים על הגידה לי את שאהבה נפשי וכו'. **וכדי שיבין יראה באיזה מצוה תקיף יצרו יותר לבטלה יתחזק בה לקיימה, כי בוודאי על מצוה זו נתגלגל**, וכדי שלא ישלים חוקו מנגדו יצרו לבטלה להוציאו מן העולם בידיים ריקניות... ולכן לא תשמע לדברי רשעים אלו, אלא תשמע לדברי חיים.

חבר אני לכל אשר יראוך ולשמרי פקודיך. בסוף[11] עץ חיים מובא מספר כללים למהרח"ו, וז"ל - להאר"י זלה"ה. הרמב"ן וחבריו ודברי ראשונים כמו רבי נחוניא בן הקנה לא הזכירו רק עשר ספירות, ולא גילו עניני פרצוף כלל. **ודע שהרמב"ן והראשונים היו יודעים בפרצוף**, אלא שדברו בהעלם גדול, לרוב הגלות שלא ניתן רשות לגלות, ולהתפשט האורות הגדולים, מאחר שגברו הקליפות, וכל זר לא יאכל קדש. **אמנם בעקבות משיחא כמו בדורינו זה התחילו האורות להתפשט להיות כבראשונה**, כמו שהיה בזמן העולם מתוקן ולהתתקן מעט. ומתחלה היו האורות סתומים, היה העולם מקולקל, וכל מה שנתקלקל נסתם בגלות, ולא היו משיגין אלא עשר ספירות בסתום, בסוד הנקודות, כל אחד כלול מעשר, ובעניין הפרצופים לא נתגלה להם כלל, לפי שמצאו בדברי הראשונים סתומים, ולא ידעו עומק הדברים, וחשבו שכך הוא ודברו בעשר ספירות כל אחד כלול מעשר ובחינות הרבה, ולפי שראיתי מי שחולק על דברים אלו לאמור שלא מצינו אלא עשר ספירות, ומהיכן יש לשלוט כח לאמור כמה פרצופים שנמצא יותר מעשר ספירות, ומספר רב והלא הראשונים כתבו בספר יצירה - עשר ולא תשע, עשר ולא י"א, לזה באתי לפתוח לך כחודא דמחטא, אולי תזכה להבין מקצת, וכולו לא תשורנו עין, וזהו. ובהקדמתו[12] הקדושה כותב הרב ז"ל - והנה אין בכל דור ודור שלא נמצאו בו אנשים יחידי סגולה ששרתה עליהם רוח הקודש, והיה אליהו הנביא ז"ל נגלה עליהם, **ומלמד אותם סתרי החכמה הזאת**, וכמו שנמצא כתוב בספרי המקובלים, גם בעל ספר הרקנטי כתב בפרשת נשא בפרשת ברכת כהנים..... ואנשי לבב שמעו לי, אל יהרסו אל הוי"ה, **לראות בספרי האחרונים הבנויים על פי השכל האנושי**, ושומע לי ישכון בטח ושאנן מפחד רעה. ולכן אני הכותב הצעיר חיים ויטאל, רציתי לזכות את הרבים **בהעלם נמרץ והמשכילים יבינו**, וקראתי שם החבור הזה על שמי **ספר עץ חיים**, וגם על שם החכמה הזאת העצומה, חכמת הזוהר, הנקרא עץ חיים, ולא עץ הדעת כנזכר לעיל, בעבור כי בחכמה הזאת טוֹעמיה חיים זכו, ויזכו לארצות החיים הנצחיים, **ומעץ החיים הזה ממנו תאכל, ואכל וחי לעולם**. ואשכילך ואורך דרך זו תלך דע מן היום אשר מורי זלה"ה החל לגלות זאת החכמה, **לא זזה ידי מתוך ידו אפילו רגע אחד**, וכל אשר תמצא כתוב באיזה קונטריסים על שמו ז"ל, ויהיה מנגד מה שכתבתי בספר הזה, **טעות גמור הוא, כי לא הבינו דבריו, ואם יש בהם איזה תוספות שאינו חולק עם ספרינו זה, אל תשית לבך בקבע אליו, כי שום אחד מהשומעים את דברי קדשו, לא ירדו לעומק דבריו וכוונתו, ולא הבינום**, בלי שום ספק. ואם יעלה לדעתך לחשוב שתוכל לברור הטוב ולהניח הרע, אל בינתך אל תשען, כי אין הדברים האלו מסורים אל לב האדם כפי שכל אנושי, והסברא בהם סכנה עצומה, ויחשב בכלל קוצץ בנטיעות חס ושלום, לכן הזהרתיך ואל תסתכל בשום קונטרסים הנכתבים בשם מורי זלה"ה, זולתי במה שכתבנו לך בספר הזה, **ודי לך בהתראה זאת**, אלו הם דברי קודשו. ועלינו ללמוד אך ורק בתורת מורינו חיים.

אני קראתיך כי תעני אל הט אזנך לי שמע אמרתי. עוד כתב הרב ז"ל בהקדמתו תנאים כדי לזכות לחכמה הקדושה הזאת, וז"ל - אני הכותב משביע בשמו הגדול יתברך, לכל מי שיפלו

11

ע"ח ח"ב דקי"ט ע"א.
12

ע"ח ד"ד ע"ב.

הקונטרסים אלו לידו, שיקרא הקדמה זאת, ואם אותה נפשו לבוא בחדרת החכמה זאת, יקבל עליו לגמור ולקיים כל מה שאכתוב ויעיד עליו יוצר בראשית, שלא יבוא אליו היזק בגופו ונפשו, ובכל אשר לו, ולא לאחרים. תחת רודפו טוב והבא לטהר ולקרב. **ראשית הכל יראת הוי"ה, להשיג יראת העונש, כי יראת הרוממות, שהוא יראה הפנימית, לא ישיגוהו רק מתוך גדלות החכמה**, ועיקר מגמתו בידיעה הזה יהיה לבער קוצים מן הכרם, כי לכן נקראים העוסקים בחכמה הזאת מחצדי חקלא. **ובודאי שיתעוררו הקליפות נגדו לפתותו ולהחטיאו, לכן יזהר שלא לבוא לידי חטא אפילו שוגג**, שלא יהיה להם שייכות בו, לכן צריך ליזהר מהקלות, כי הקדוש ברוך הוא מדרדק עם הצדיקים כחוט השערה, לכן צריך לפרוש עצמו מבשר ויין כל ימות השבוע, **וצריך הזהרת סור מרע ועשה טוב**, ובקש שלום. בקש שלום צריך להיות רודף שלום, ולא להקפיד בביתו על דבר קטן וגדול, וכל שכן שלא יכעוס ח"ו.

<u>וצריך להתרחק בתכלית הריחוק סור מרע.</u>

א. ליזהר בכל דקדוקי מצות, ואפילו בדברי חכמים, שהם בכלל לא תסור.

ב. לתקן המעוות קודם שיבא לעולם הבא.

ג. יזהר מהכעס, אפילו בשעה שמוכיח את בניו, לא יכעוס כלל ועיקר.

ד. גם צריך ליזהר מהגאוה, ובפרט בענין הלכה, כי גדול כחה והגאוה, בזה עון פלילי.

ה. בכל צער שיבא לו, יפשפש במעשיו ויישוב אל הוי"ה.

ו. גם יטבול בעת הצורך לו.

ז. גם יקדש את עצמו בתשמיש המטה שלא יהנה.

ח. שלא יעבור כל לילה ויחשוב בכל לילה מה שעשה ביום, ויתודה.

ט. גם ימעט בעסקיו ואם אין לו פרנסה כי אם על ידי משא ומתן, יכין יום שלישי ויום רביעי, מחצי היום ואילך, ובכוונה שהוא לעבודת קונו.

י. כל דבור שאינו של מצוה והכרחי, יהיה זהיר ממנו, ואפילו דבר מצוה ימנע בשעת התפלה.

<u>ועשה טוב</u>

א. לקום בחצי הלילה, ולעשות הסדר בשק ואפר ובכי גדול, ובכוונה כל אשר יוציא בשפתיו. ואחר כך יעסוק בתורה כל זמן שיוכל להיות בלי שינה, ובלבד שחצי שעה קודם עלות השחר יתעורר לעסוק בתורה.

ב. ילך לבית הכנסת קודם עלות השחר, קודם חיוב טלית ותפילין, להיזהר שיהיה מעשרה ראשונים.

ג. קודם שיכנס, ישים אל לבו מצות עשה ואהבת לרעך כמוך, ואחר כך יכנס.

ד. להשלים רמז צדיק בכל יום. שהוא צ' אמנים, ד' קדושות, י' קדישים, ק' ברכות.

ה. שלא להסיח דעתו מהתפילין בעת התפילה, זולת בעת העמידה ועסק התורה.

ו. צריך שיהיה עוסק בתורה, מעוטף בטלית ותפילין.

ז. לכוין בתפלה הכוונות, כמו שנבאר בע"ה.

ח. שישים תמיד נגד עיניו שם בן ארבעה אותיות הוי"ה, ויזדעזע ממנו, כמו שכתוב - שויתי הוי"ה לנגדי תמיד.

ט. שיכוין בכל הברכות, בפרט בברכת הנהנין.

י. צריך שיהיה עמל בתורה פרד"ס, שנאמר או יחזיק במעוזי, ואל יחשוב שיגלו לו רזי התורה בהיותו ריק, כדכתיב - יהב חכמתא לחכימין, וצריך ליזהר שלא יוציא בשפתיו בחכמה זו, מה שלא שמע מאדם שראוי לסמוך עליו, וכאזהרת רשב"י וחבריו. השגת החכמה תנאי הראשון, צריך למעט דבורו, ולשתוק, כל מה שיוכל כדי שלא להוציא שיחה בטילה, כמאמר רז"ל - סייג לחכמה שתיקה. גם תנאי אחר, על כל דבר תורה שלא תבינהו, תבכה עליו כל מה שתוכל. גם עלית הנשמה בלילה לעולם העליון, שלא תשוט בהבלי העולם, תלוי שתישן בבכיה. ומרת עצבות מגונה עד מאוד, ובפרט להשיג חכמה, והשגה אין לך דבר מונע השגה יותר מזה. גם בעניין השגת האדם, אין לך דבר שמועיל כמו הטהרה והטבילה, שיהיה האדם טהור, בכל עת ומורי זלה"ה עם היות שהיה לו חולי השבר שהקור מזיק לו, עם כל זה לא היה מונע מלטבול בכל עת, עד כאן דברי קודשו. ועלינו לקיים את בקשת הרב ז"ל את הבחינות של[13] סור מרע ועשה טוב, כדי לטפס בעץ החיים.

מרן הרש"ש[14] מעיד על עצמו, וז"ל - וראיתי מה שכתבו מעלת כבוד תורתם, על ענין עבודת הוי"ה שקצרתי במקום שהיה ראוי להרחיב מעט הדיבור, אמת כי לכתחילה קצרתי בו, **יען ראיתי כמה מהנזק יצא ממה שכתבו בזה המקובלים שקדמו, כי רבים חללים הפילו, וחלול כבוד הוי"ה, וכבוד התורה. הוי"ה יכפר בעדם, כי כל דבריהם לא על פי התורה הם, ואינם מיוסדים על האמת, ומהם יצאו אבות, ומאבות תולדות הריסת יסודי התורה ח"ו,** הוי"ה יכפר. **וכל זה לא שלמדתי בדבריהם ח"ו**, אלא שפעם אחת הוכרחתי בעל כרחי לעיין בדף אחד שכתוב בו קצור מה שכתבו בענין זה, **וכמעט שקרעתי בגדי לראות דברים אשר לא כן על הוי"ה.** הוי"ה יכפר, וכבר מילתי אמורה להם, **כי עידי בשמים כי כל עסקי ולמודי, אינו רק בדברי האר"י זלה"ה, ותלמידיו מהרח"ו ז"ל לבדם, ובלעדם אין לי עסק בשום ספר המקובלים ראשונים ואחרונים, ואפילו בדברי שאר תלמידי האר"י ז"ל לא למדתי, וכשיזדמן לפני דבר מדבריהם, אני מדלגו.** כי על כן איני כמזהיר, אלא כמזכיר, למען הוי"ה אל יהי לכם מגע יד בדבריהם, ובפרט בענין זה, השמרו לכם פן יפתה לבבכם, **אלא כל לימודם לא יהיה אלא בעץ חיים ובספר מבוא שערים ובשמונה שערים המפורסמים,** שכולם דברי אלהי"ם חיים. ואני קצרתי בענין זה כל מה שאפשר, כי יראתי פן יפלו דפים אלו ביד מי שעדיין לא למד דברי האר"י ז"ל כראוי, **ויחשידני שלמדתי בספרים אחרים, ולא כן הוא כאמור,** ולכן קצרתי בו, ופיזרתי בהקדמה, עד כאן דברי קודשו של מרן הרש"ש. ואנחנו תפילה שיתגלה משיח צדיקנו במהרה בימינו, ומלאה[15] הארץ דעה את הוי"ה כמים לים מכסים, דעת תורת החיים.

<hr>

13

תהלים ל"ד ט"ו – סור מרע ועשה טוב בקש שלום ורדפהו.

14

נהר שלום דף ל"ד ע"א.

15

ישעיהו י"א ט' – לא ירעו ולא ישחיתו בכל הר קדשי כי מלאה הארץ דעה את הוי"ה כמים לים מכסים.

כתב רבינו גאון הקבלה רבי אליהו מני, רבו של הרי"ח הטוב, רבי יוסף חיים בעל הספר "בן איש חי", בספרו הקדוש **כסא אליהו** כי על הלומד ללמוד כל מאמר ומאמר ארבעה חמישה פעמים בלי המפרשים, וינסה להבין את המאמר בעצמו. ואחר כך ילך לראות אם כיוון לדעת המפרשים.

וכן אני הקטן מבקש בכל לשון של בקשה, ללמוד את הדרוש כמו שהוא מובא בספר עץ חיים, ארבעה חמישה פעמים, כדי לנסות להבין את הדרוש. וכל דרוש מובא בתחילת הספר במלואו.

אחר כך יכנס ללמוד את הדרוש עם ביאור הדברים, עוד ארבעה חמישה פעמים, ואחר כך יראה את המקורות להגהות, ודברי רבותינו הקדושים, עם התרשימים וטבלאות.

ואז יעלה ויצליח בלימוד תורת האר"י הח"י.

כתב רבינו **השד"ה** רבי שאול דוויק הכהן, בהקדמת ספרו איפה שלימה, על אוצרות חיים וז"ל - וכדי שיוכל לעלות לימודו למעלה, ריח ניחוח לה'. קודם כל לימוד ימסור עצמו על קדושת ה', כי זה מועיל מאוד, כמו שכתוב בשער הכוונות דף כ"ד ע"ב, כי עתה בזמנינו בעוונותינו הרבים אין יכולת לעשות זווג כתיקונו למעלה, ולסיבה זו הקץ מתארך וכו'. אמנם עם כל זה יש קצת תיקון במה שנמסור נפשינו על קידוש ה' בכל הלב, כי על ידי כן אפילו אין בנו שום מעשים טובים, והרשענו עד להפליא. הנה על ידי מסירת נפשינו להריגה, מתכפרים עוונתינו כולם, ויש בנו יכולת לעלות עד אימא עילאה, כמו שאמרו חז"ל - גדולה תשובה שמגעת עד כסא הכבוד, שנאמר - שובה ישראל עד ה' וכו', עד כאן דבריו.

וזה הסדר

יקבל עליו ארבע מיתות בית דין, מארבעה אותיות הוי"ה וארבעה אותיות אדנ"י, וליחדם על ידי ארבעה אותיות אהי"ה ועל ידי עסמ"ב

סקילה י **א** וליחדם על ידי **א**		**יוד ה֗' ויו ה֗'**
שרפה **ה** ד וליחדם על ידי **ה**		**יוד ה֗' ואו ה֗'**
הרג ו **נֻ** וליחדם על ידי י		**יוד ה֗א ואו ה֗א**
וחנק **ה** י וליחדם על ידי **ה**		**יוד ה֗ה ו הה**

לְשֵׁם יִזוּד

קֻדְשָׁא בְּרִיךְ הוּא וּשְׁכִינְתֵּה

יאהדונהי

בִּדְחִילוּ וּרְחִימוּ   וּרְחִימוּ וּדְחִילוּ

יאההויהה   איההיוהה

לְיַחֲדָא אוֹתִיוֹת י"ה בּו"ה, בְּיִחוּדָא שְׁלִים

יהו"ה

בְּשֵׁם כָּל יִשְׂרָאֵל, לְאַקָמָא שְׁכִינְתָּא מֵעַפְרָא, הָרֵינִי לוֹמֵד בַּסֵפֶר קַבָּלָה פְּלוֹנִי שֶׁהוּא כְּנֶגֶד תִּפְאֶרֶת דז"א בְּעוֹלָם הָאֲצִילוּת שֶׁבּוֹ שֵׁם מ"ה כָּזֶה יוֹ"ד הֵ"א וָא"ו הֵ"א לַעֲשׂוֹת מֶרְכָּבָה. וִיהִי רָצוֹן מִלְּפָנֶיךָ ה' אֱלֹהֵינוּ וֵאלֹהֵי אֲבוֹתֵינוּ שֶׁתְּזַכֵּךְ רוּחֵנוּ וְנַפְשֵׁינוּ שֶׁיְהִי רְאוּיִם לְעוֹרֵר מַיִן תַּתָּאִין עַל יְדֵי קְרִיאַת סֵפֶר הַקַּבָּלָה הַזֹּאת. וִיהִי נֹעַם יְהוָה אֱלֹהֵינוּ עָלֵינוּ וּמַעֲשֵׂה יָדֵינוּ כּוֹנְנָה עָלֵינוּ וּמַעֲשֵׂה יָדֵינוּ כּוֹנְנֵהוּ.

בָּרוּךְ ה' לְעוֹלָם אָמֵן וְאָמֵן, נָצַח, סֶלָה, וָעֶד.

שער ה' פרק ב'

אח"כ באו הטעמים האמצעיים והם בחי' אור היוצא מחוטם דא"ק וחוטם גימטריא ס"ג גם מכאן נמשך ויוצא אור דרך ב' נקבי החוטם ימין ושמאל ימין מקיף ושמאל פנימי ע"ד הנזכר באזן ונמשכו ביושר עד החזה של זה הא"ק וזהו עיקר האור. אמנם הארתו ג"כ הוא מתפשט אל צד האחור ומסבב בכל סביבות א"ק והנה כאן נתקרבו האורות אלו הפנימים במקיפים שלהם יותר מאורות האזנים כי נקבי החוטם סמוכים הם אבל עכ"ז נחלקו לב')נ"א נחלקים הם(ואין מתחברים ביחד וע"כ גם באורות אלו לא היה בחי' כלים ומה שנתוספו באלו יותר)מבחי' אזנים דע כי החוטם הוא אות ו' ל"ג(מבאורות האזנים הוא כי צורת אות ו' שבתוך אות ה' אשר באזן היתה כלולה עמו)נ"א באוצרות חיים עמה(נתגלה עתה ומה שהיתה אז בחי' ה' נעשה עתה בחי' ב' אותיות ד"ו להורות יציאת אות ו' לחוץ וגילוייה והוא סוד ז"א שבכאן נתגלה)נ"א ויצא ממעי אמו(. ואמנם לא נעשית ו' לבדה אמנם היא נחלקת ג"כ לשלשה חלקים והם ו' אלפין וטעם הדבר כי הה' פרצופים הנכללין באות א' שהם א"א או"א זו"ן והם נקרא יחנר"ן נמצא כי ז"א הוא בחי' רוח כנודע והנה הכתוב אומר כל אשר נשמת רוח חיים באפיו להורות כי בחי' רוח נתגלה באפו שהוא החוטם לכן בזה החוטם נתגלה בחי' ז"א ונתחלק לו"ק שבו אבל אות ד' נשארת אות א' מחוברת ואות ו' נחלק לו' אלפי"ן וכמו שנחלקה אות ו' שבנקב החוטם הימיני כך נחלקה אות ו' שבנקב החוטם השמאלי ובין כולם הם י"ב אלפי"ן ועם חוטם הם י"ג כמנין וא"ו וכן ב' ווי"ן אלו)הם( )נ"א עצמו ל"ג(שצורתה א' כנודע כי ב' נקבי החוטם הם ב' יודי"ן והכותל המפסיק ביניהם הוא צורת ו' הרי צורתה א' ועם ב' ווי"ן הנ"ל הרי וא"ו והוא להורות כי למעלה בבחי' ראש ששם מקום מוחין הוא שם ע"ב הוי"ה דיודי"ן וכאן הוא שם ס"ג כי אין הפרש בין הוי"ה דע"ב להוי"ה דס"ג רק במילוי דאות ו' כנודע. ואלו הב' ווי"ן הם בחי' טעמים אמצעים שבאמצע התיבה והם פסק ומקף כנודע כי הוראת הפסק הוראת ו' של הה' שנפסק ונעשה ו' אלפין כנ"ל ולכן נקרא פסק וכאשר תחבר זה הפסק עם המקף הוא ד' אחד והוא הוראה על אות ד' של אות ה'. והנה ד' זו כבר אמרנו לעיל שאינה נפסקת אבל יש הוראה אחרת אליה והוא כאשר תקח הה' שבאזן ימין שמספרה י' ספירות כנ"ל והרי היא בחי' י' אחת ותצרפנה ותחברנה עם הה' שבנקב ימיני של חוטם שצורתה ד"ו כנ"ל הרי הכל הם צורת יו"ד והוא ציור כזה א' י' למעלה ו' באמצעיתא ד' למטה. גם את תקח י' שבנקב אזן שמאל ותחברנה עם ו"ד שבנקב חוטם שמאל הרי אלף ב' שצורתה יו"ד והרי ב' אלפין בציור יו"ד. ואם תצייר ציור א' והוא שתתצרף י' של אזן שמאל עם ו' של חוטם שמאל וי של אזן ימין הרי א' צורת יו"י. גם אם תצרף י' של אזן ימין ו' של חוטם ימין י' של אזן שמאל הרי ד' אלפין עם הנ"ל. ואלו הם מורים קצת גילוי על ד' של ה' שבחוטם שנגלית מעט אבל לא נגלית לגמרי כמו הו' של הה' אבל עיקר גמר גילוי הד' הוא למטה באור הפה כמ"ש בע"ה.

ודע כי י"ס אלו של אורות האזנים כל זמן שהם נמשכין עד גבול החוטם אז הוא יחידה בפ"ע אבל כשנמשך מגבול החוטם ולמטה כמ"ש עד שבולת הזקן אזי מתלבש אור האזן בתוך אור החוטם ונעשה אליו ל"ג(בחי')פנימית אליו וכן אור החוטם כשנמשך מגבול הפה אז מתלבש באור הפה ונעשה החוטם בחי' נשמה ופנימיות אל אור הפה. גם כי דע כי אותו האור היוצא מתוך א"ק הזה הנה הוא כולו אור אחד שוה רק כי על ידי התרחקותו וירידתו הוא מתעבה עיבוי אחר עיבוי. כיצד האור הנמשך וייוצא דרך האזן הוא זך מאד וכאשר נמשך האור הזה בפנימיות הא"ק עד הגיעו אל החוטם ויצא קצת דרך שם הוא מתעבה וקונה איזה עביות וגסות ואעפ"י שהוא(אור א' שוה ל"ג)אורות מחמת הריחוק שנתרחק ונמשך יותר למטה מתעבה יותר בצאתו משם ועד"ז בהתפשטותו יותר למטה בצאתו עד הפה ויוצא קצתו דרך שם מתעבה יותר בצאתו משם בהתרחקותו מהמקור העליון אבל לא לסיבת בחינת האור בעצמו כי כולו שוה כנ"ל. אך המשכיל יבין כי אור של מוחין נקרא ע"ב וזה נקרא ס"ג ודי בזה

פרק ב'

דרוש זה מקורו מספר אוצרות חיים וצריך לכתוב מ"ת בראש הדרוש.

מ"ת מהדורא תנינא, מספר אוצרות חיים, **אזור כך**[16] [17] אחרי יציאת הטעמים[18] העליונים, שהם ס"ג דע"ב דס"ג[19] **באו הטעמים האמצעיים** שהם מ"ה דע"ב דס"ג, **והם בבחינת אור היוצא מזוזטם דא"ק, וזוזטם גימטריא ס"ג,** כמו באורות האוזן שהם הטעמים העליונים, שמהם נמשך אור דרך אוזן ימין ושמאל, כאשר דרך אוזן ימין נמשך אור מקיף, ודרך אוזן שמאל אור פנימי **גם מכאן נמשך ויוצא אור דרך ב' נקבי הזוזטם, ימין ושמאל, ימין** אור **מקיף, ושמאל** אור **פנימי, על דרך הנזכר באזן. ונמשכו ביושר** לאפוקי אורות האוזנים שיצאו כמין קיעור, וחופפים על הזקן דא"ק **עד הזוזה של זה הא"ק** שהוא שליש התפארת העליון דא"ק[20], **וזהו עיקר**

16

בית לחם יהודה ש"ה פ"ב - אחר כך באו הטעמים האמצעיים. קאי על סיום מהדורא תניינא דלעיל.
מקום בינה ד"ב ע"א אות כ' - ואחר כך באו הטעמים האמצעיים, והם האור היוצא מהחוטם של א"ק כו', ונמשכו ביושר עד החזה של הא"ק, וזהו עיקר האור כו' עכ"ל. קול הרמ"ז - כי להיות מכאן הוא בחינת ז"א, בסוד הרוח כמ כתוב לקמן, וזעיר עיקרו מהחזה ולמעלה כנודע, שעולים נה"י לחג"ת, וחג"ת לחב"ד, לכן האור הזה מתפשט עד החזה. ומה שנתוסף באלו יותר מאורות האזנים הוא אות ו' כו'. הינה הכתוב אומר כל אשר נשמת רוח באפיו כו', ולכן בזה החוטם נתגלה בחינת ז"א. ונחלק לו"ק שבו כו' עכ"ל. הרוח מתגלה באפיו שהוא החוטם, ולכן בזה החותם נתגלה בחינה.

17

אין לפני ואחרי בעולמות לפני התיקון, רק כדי לשכך את האוזן הרב כותב סדר זמנים בעולמות שלפני התיקון, צריך לדעת שהכל קרה בבת אחת ולא בסדר זמנים. עוד צריך לדעת **כי זמן הוא נברא**, ותחלתו הוא כאשר התחברו בחינות מ"ה וב"ן בזמן תיקון פרצופי האצילות, כאשר הפרצוף הראשון שנתקן הוא עתיק יומין, ויום הוא בחינת זמן. ומתיקון פרצוף עתיק יומין ולמטה יש בחינת לפני ואחרי. בחינת זמן נרמזת בחיבור שמות מ"ה וב"ן, כי גמטריא של מ"ה ב"ן הוא גמטריא צ"ז, גמטריא זמ"ן.
תרשים ב – א.

18

הטעמים העליונים יצאו מהאוזנים, האמצעים מהחוטם, והתחתונים מהפה. שמות אלו של הטעמים הם שמות נרדפים לחלוקת ע"ב דס"ג הכללי, כאשר הטעמים העליונים הם בעצם ס"ג דע"ב דס"ג, האמצעים מ"ה דע"ב דס"ג, והתחתונים ב"ן דע"ב דס"ג.

19

ספר אוצרות חיים שהוא מ"ת בעץ חיים נכתב כסדר ההשתלשלות, מהא"ס עד סוף העולמות, כל דרוש בספר עץ חיים של מ"ת הוא המשך לדרוש הקודם אליו במ"ת. לכן הדרוש הזה, פרק ב' של שער טנת"א הוא המשך לפרק א' מ"ת של שער טנת"א. בפרק א' הרב ביאר את אורות האוזניים הנקראים ס"ג דע"ב דס"ג, ובפרק זה הרב מבאר את אורות החוטם, הנקראים מ"ה דע"ב דס"ג. בשער ו', שער העקודים הרב יבאר את אורות הפה דא"ק הנקראים ב"ן דע"ב דס"ג.

20

שהוא עצמות **הָאוֹר. אמנם הָאָרָתוֹ** שהיא בחינה עשירית של האור[21] **גַם כֵּן הוּא מתפַּשֵּׁט** ומתפזר **אֶל צַד הָאָזוֹר** דא"ק, **ומסבב בכל סביבות א"ק** עד החזה דא"ק[22], **והִנֵּה כאן** באורות החוטם **נתקַרבו הָאוֹרוֹת אֵלוּ** היוצאים מהחוטם **הפָּנִימִים** ר"ל אור פנימי **במקִיפִים** ר"ל באור המקיף[23] **שֶׁלָהֶם, יותר מֵאוֹרוֹת הָאָזְנַים, כי נקבי הַחוֹטָם סמוכים הם** בערך אורות באוזן,[24] **אבל עם כל זה נזזלקו** אורות החוטם **לב'** חלקים, האחד היוצא מנקב ימין, והוא האור הקיף, ואחד היוצא מנקב שמאל, והוא הפנימי **(נ"א נזזלקים הם), ואֵין מתזזברים בְּיַזַד** כמו שאורות האוזנים לא מתחברים, **ועַל[25] כן גם בָּאוֹרוֹת אֵלו** דחוטם **לא הָיָה בזזינַת כֵּלים**[26] כי לא היתה בטישה בין האור המקיף לפנימי[27], **וּמַה** שהתקרבות אורות החוטם אחד לשני, אור מקיף לאור הפנימי, גרם **שֶׁנִתוֹסְפוּ בָּאֵלו** אורות החוטם יותר **(מבזזינַת אָזְנַים, דע כי הזזוטם**

יש הבדל בן הבל האוזנים להבל החוטם, האור היוצא מהאוזנים נמשך בצורה קעורה, וחופף על הזקן דא"ק והוא בצורת קלסתר הפנים, ומגיע עד שיבולת הזקן דא"ק. לעומת אור החוטם היוצא בשני קווים ישרים מב' נקבי החוטם עד החזה דא"ק.
תרשים ב – ב.
21

היחס בין עצמות האור להארה הוא יחס של ט' ספירות עליונות בערך המלכות, ובדברי הרב הארה היא שם נרדף למלכות.
כלל - הארה היא בחינת מלכות בערך השעור קומה.
22

כמו שהארת הבל האוזנים התפשטה סביב א"ק עד מקום שבולת הזקן, ששם מגיע עצמות אור האוזנים. כך גם הארת הבל החוטם התפשטה סביב א"ק עד החזה שלו.
23

הרב כותב פנימים ומקיפים, ולא פנימי ומקיף. כאן הרב רומז שהאורות שיצאו הם בעלי שעור קומה שלמה של י' ספירות.
24

מבשרי אחזה אלו"ה, נקבי חוטם הפנים הם קרובים אחד לשני בערך נקבי האוזנים.
25

בית לחם יהודה ש"ה פ"ב - ועל כן גם באורות אלו לא היה בחינת כלים. ודלא כרבי גדליה ז"ל שכתב בפרק א' ובפרק ב' דאח"פ, שהיו למ"ד כלים.
26

הרב כותב כאן ההפך מה שכתב בשער אח"פ, שם מבאר הרב כי לאורות אח"פ יש כלים.
ע"ח ש"ד פ"א די"ז ע"ג - דרוש שכתבתי מענין שרשי אצילות של עצמות וכלים שנתהוו מאח"פ ועינים, בסוד ראיה, שמיעה, ריחא, דיבור. זה מצאתי להרב גדליה הלוי. כאשר האורות נתפשטו מאוזן וחוטם עד נגד הפה, ששם התחברות כל ההבלים, ואז במקום שמתחברים יש לכולם בחינת נפש, לפי שאין הבל האזן יכול להתחבר להבל פה, אלא בריחוק מקום, וכן הבל החוטם. אלא שאין צריך ריחוק מקום כל כך כמו הבל האזן כדי להתחבר להבל הפה, ועל ידי הסתכלות העינים, ובהכאה שהכה בהבל הזה, **נעשה הכלים**, ובהסתכלות זה יש פנימי וחיצון, כי יש בכל איברים פנימיות וחיצוניות ונעשה כללות כליהם.
27

כדי שתהיה תולדה של כלים, צריך שיהיה זיווג בן האור המקיף, שהוא זכר בחינת החיה, לבין האור הפנימי שהוא נקבה בחינת נר"ן. ומזיווג זה יוצאים כלים.
כלל – כלים נעשים על ידי הכאה של אור המקיף באור הפנימי.

הוא אות ו' כל"ג) מבאורות הָאָזְנַיִם הרי באורות האוזן נתגלתה אות ה' בשלמותה, **הוא כי**[28] בחוטם נתגלתה **צוּרַת אות ו' שֶׁבְּתוֹךְ אות ה' אֲשֶׁר בָּאֹזֶן** כי באוזן אות ה' היא בבחינת גולם, ולא נראו בה י' ספירות, אלא הכל היה בשורש[29], **הָיְתָה**[30] צ"ל שהיה **כְּלוּלָה** צ"ל כלול **עִמּוֹ** צ"ל עמה, ר"ל אות ו' כלול בתוך אות ה'[31], והוא סוד העיבור, רק כאן בעולמות א"ק העליונים, הוא שורש העיבור, **(נ"א בָאוֹצָרוֹת וְזִיִּים עִמָּה)** ובאורות החוטם **נִתְגַּלָּה** אות ו' שתוך האות ה'[32], בסוד הלידה, **עַתָּה** כמו בחינת לידה[33],

---

28

בית לחם יהודה ש"ה פ"ב - כי צורת אות ו' שבתוך אות ה' אשר באזן. לפי שכל אחד מאורות אח"פ הוא כלול מה' פרצופים, ולכן נרמזו באות ה' שהיא חמשה.

29

ע"ח ש"ה פ"א מ"ת ד"כ ע"ד - והנה אזן גימטריא נ"ח, שהוא שם ס"ג חסר ה' אחרונה, כי מכאן מתחיל השם ס"ג כנ"ל, וענין זה יתבאר בע"ה. והנה האורות אלו הם בחינת טעמים של שם ס"ג עליונים, אשר הם למעלה על האותיות כנ"ל. והנה עדיין באלו האורות לא נתגלה בהם בחינת כלי כלל וכלל. **גם דע כי י' ספירות אלו יצאו מקושרים בתכלית התקשרות, ולא ניכר מהן רק שכולן בחינת ה' אחת**, כי אות ה' כשהחבר עם אזן גימטריא ס"ג. ומציאות ה' זו היא בחינת הי"ס שנכללין בה' ושרשם, המה ה' פרצופים א"א או"א, ועדיין לא ניכר בהם בחינת י' רק היותם בחינת ה' פרצופים האלו לבד, ואפילו אלו הה' לא היו ניכרות ונפרדות זו מזו, **אלא כולם היו קשורים באות שהיא ה'.**

30

בית לחם יהודה ש"ה פ"ב - היתה כלולה עמו. צ"ל שהיה כלול עמה.

31

ע"ח שט"ו פ"ד דע"ז ע"ב - ואמנם ה' ראשונה של הוי"ה שהוא צורת ד"ו, והוא גימטריא י', כולם בחינת התבונה ראשונה עצמה, לכן שם בב' אותיות ו"ד הם ב' אותיות נפרדין, **אבל ב' אותיות ד"ו אלו של התבונה הם כלולין באות אחד, שהוא אות ה'.** לכן אין לו ה' צורת ראש, לפי שהוא בחינת ו"ק לבד, בלי ראש.

32

אות ה' הראשונה דהוי"ה רומזת לבחינת אימא, אשר בזמן העיבור נמצאים בתוכה ז"א וינוק', כאשר ז"א נרמז באות ו' דהוי"ה, והנוקבא בפסיעה לבר. בעיבור עצמו אות ו' עם הפסיעה לבר הם בתוך ה' דאימא, וכאשר היא מולידה אותו מתגלה ז"א, בבחינת אות ו'. גם צריך לדעת כי לפעמים הרב רומז את הינוק' בבחינת אות ד'. **ע"ח שכ"ג פ"א מ"ב דק"ו ע"ב** - וזה סוד מנחל בדרך ישתה, הנחל הוא יסוד דתבונה, ובתוכו מלובש דעת דז"א, שבו החסדים הנקרא מים, ואלו מים נמשכין מן הנחל ההוא, ומתפשטין עד היסוד דז"א, וחוזרין ועולין ומגדלין אותן כנודע, ויסוד נקרא דרך, בסוד דרך גבר בעלמה, נמצא כי היסוד דאמא הנקרא דרך נעשה נחל מים, וממנו שותה הז"א, מאותן החסדים ואז נגדל ומרים ראשו, וסוד הרמת ראש הוא כי חג"ת שבו נגדלין ונעשין בחינת ראש, בסוד ג' מוחין שבו, חב"ד. ונמצא כי אין ראש זו מחודש רק שמה שהיתה חג"ת הורמו למעלה וגדלו, ונעשה ראש בסוד חב"ד, וזו בחינת ו' שבשם הוי"ה הכולל האצילות, **כי תחלה היה בז"א ו"ק לבד ו' זעירא שבתוך ה' דאמא עלאה, ועתה יצאה ונעשה ו' עצמה שבשם הוי"ה**, ונעשה לו ראש שהוא צורת י' שיש ברא"ש ו' כנודע, כי ביניקה היתה ו' לאחר ה' ראשונה, אלא שלא היה לה ראש, כי היה ו"ק לבד, ובגדלות נעשה לו ראש דהיינו י' על ו'. **ע"ח חי"ב שכ"ח פ"ד מ"ק די"ט ע"ד** – וזה סוד כונן שמים בתבונה, וזה סוד ובתבונה יתכונן, ולכן להיות הנה"י משם ואינן לא מן התפארת ולא מן המלכות, ולכן מועילין לשניהן כי נעשו רגלים לז"א, ומוחין למלכות, ולכן תבין כי או"א מציאות א)א' והב) למטה המוחין הנעשים לז"א והבן. גם דע כי ספירין תתאין של או"א(שהם מחכמה ולמטה, ר"ל כשתסתיר כתר דאו"א ישארו לכל אחד ט' ספירות, ומאלו נמשכו ונעשו סוד)ט' תיקונים(דיקנא של ז"א, ט' תיקונים כפולים מצד או"א, ו' ג' **בחינות היה לז"א, אחד בהיותו במעי בינה, כי היה ו' זעירא ג' כלולן בג', ובחינת המלכות שבו, בסוד פסיעה לבר, ואח"כ כשיצא לחוץ אז נתפשטו כל הו"ק ו' שלימה, ובסופה סוד המלכות.**

וּמַה שֶּׁהָיְתָה אָז באוזן בְּזוּיָת אָז אות ה' **נַעֲשָׂה**[34] בחוטם **עַתָּה בְּזוּיָ֖וֹת בַּ**[35] **אוֹתִיּוֹת ד"ו**

כאשר אותיות אלו רומזים לה' פרצופי החוטם, כאשר אות ו' רומזים לז"א, ואות ד' לד' פרצופים א"א, או"א, ונוקבא,

וכל זה **לְהוֹרוֹת יְצִיאַת אוֹת ו' לְזוּוּג וְגִילוּיָיה** שהוא סוד הלידה, יציאה מהכח לפועל, **וְהוּא**
סוֹד ז"א והוא ישראל ויעקב[36] **שֶׁבְּכַאן נִתְגַּלֶּה** (צ"ל נ"א **וַיֵּצֵא מִמְּעֵי אִמּוֹ** כמו עובר בבטן אמו,

---

33

בא"ק הרב לא מדבר במשלים של אברי הגוף, ורומז את כל הבחינות בצורת אותיות, באצילות הרב ידרוש על בחינת עיבור, לידה, יניקה ומוחין. כאן בא"ק כל הבחינות האלו רמוזים באותיות.

34

בית לחם יהודה ש"ה פ"ב - נעשה עתה. בחוטם.

35

בית לחם יהודה ש"ה פ"ב - ב' אותיות ד"ו. ואות ד' רומז לד' פרצופים שהם א"א, ואו"א, ונוקבא, מחוברים יחד כאילו הנוקבא עדין היא בעיבור גו מעי אימא, ולא נולדה כמו הז"א.

36

לפי פשט דברי הרב, כאשר הוא כותב ז"א, הכוונה היא לישראל ולאה הגדולה. וכל זה בדרך כלל שהרב מזכיר את ז"א הכוונה היא לישראל ולאה הגדולה, והם כללות ז"א, והם חלקי מ"ה וב"ן דז"א, ישראל ו"ק דמ"ה, ולאה הגדולה ו"ק דב"ן. צריך לדעת כי לישראל ולאה הגדולה יש לכל אחד בחינת מלכות פרטית, כאשר המלכות דישראל נקראת יעקב, ומלכות דלאה הגדולה נקראת רחל הקטנה, ושניהם נקראים עטרת היסוד דז"א, או יעקב ורחל עטרות היסוד, והם מלכות דמ"ה וב"ן דז"א. ישראל ולאה הגדולה נקראים זו"ן הגדולים, ויעקב ורחל עטרות היסוד נקראים זו"ן הקטנים.

תרשים ב – ג.

בפרק א' דשער אח"פ למדנו כי ההבל היוצא מהנקב הימני הוא שורש ישראל, שהוא ו"ק דמ"ה, וההבל היוצא מנקב שמאל הוא שורש יעקב מלכות דמ"ה. ושורש לאה הגדולה ורחל הקטנה הוא מהבל הפה.

תרשים ב – ד.

מכאן יוצא **חידוש נפלא**, בדרך כלל שהרב מזכיר את ז"א הכוונה לישראל ולאה הגדולה, ובמקרה זה שהוא יוצא מן הכלל, הרב קורא לז"א רק לצד מ"ה דז"א, שהוא ו"ק דמ"ה, ומלכות דמ"ה.

ע"ח ש"ד פ"א די"א ע"ד - גם הבל החוטם נחלק לב' בחינות, בסוד שורש יעקב וישראל, הימין ישראל, והשמאל יעקב. אך הבל הפה הוא אחד, כי הוא נגד הנוקבא דז"א, ואע"פ שיש לאה ורחל.....

ע"ח ח"ב של"א פ"א מ"ת דל"ב ע"ג - ועתה צריך לבאר ענין זו"ן מי הם, ואחר כך נבאר בחינת עיבור ב' שלהם לצורך המוחין דגדלות, גם יתבאר ענין ארבעה בחינות שמצינו והם ישראל, ויעקב, רחל, ולאה מה עניינם. הנה נודע כי ישראל ויעקב הם בחינת ז"א, ורחל ולאה הם בחינות הנקבות שלהם.

ע"ח ש"ט פ"ז דמ"ו ע"ב - דע כי אין לך ספירה וספירה, אפילו בי' ספירות הפרטיות שבכל פרטי פרצוף ופרצוף, שאין בו בחינת זכר ונקבה, והם ב"ן דנקודות ומ"ה החדש, ואמנם אין ענין ב"ן הזה, והנקבה זו בחינת מלכות העשירית שיש בכל ספירה וספירה, שהיא בחינה עשירית שבכל ספירה וספירה, אלא שיש בכל ספירה י' בחינות, וכולם דמ"ה, ו"י בחינות וכולם דב"ן, והט' ראשונות דמ"ה וב"ן הם נקרא ט' בחינות הראשונות של ספירה ההוא, והבחינה עשירית שהוא מלכות שבאותו ספירה עצמה היא כלולה ממ"ה וב"ן. כלל הדברים בקיצור נמרץ **כי אין לך שום ניצוץ קטן בכל האצילות שאין בו מ"ה וב"ן** נמצא שהזכרים שבאצילות שהם כתר חכמה ת"ת יש להם בחינת מ"ה וב"ן, והנקבות שבאצילות שהם בינה ומלכות יש בהם מ"ה וב"ן, ועל דרך זה בכל הי' ספירות שבכל פרצוף, ועל דרך זה כל ה' פרצופים שבהם כלולים ממ"ה וב"ן.

רחובות הנהר ד"ז ע"ד - ונתחברו ו"ק שהם ז"א דמ"ה, עם ו"ק שהם ז"א דב"ן, ונכללו אלו באלו, ונתלבשו אלו באלו, והלבישו לתנה"י דא"א מהטיבור ולמטה מכל צדדיו פנים ואחור, ונקראים **זו"ן הגדולים** כי ו"ק דב"ן נקרא רחל הגדולה, מלכות שבגופו, ולפעמים נקראת בשם לאה, ובכללותם נקרא ז"א. וו"ק דמ"ה נקרא אותיות עצמם ממש, וו"ק דב"ן נקרא בחינת חשבון דאותיות דז"א. וכן נתחברו מלכות נוקבא דזעיר אנפין דמ"ה, עם מלכות נוקבא דז"א דב"ן, ונכללו אלו באלו, ונתלבשו אלו באלו, והלבישו לתנה"י דזו"ן הגדולים,

כל זמן שלא נולד הוא רק נמצא בכח, ברגע שנולד הוא יצא לפועל)• **ואמנם לא נ̇ע̇שׂ̇ית** [דכ"ב ע"א 43] ו'
לבדה, [37]אמנ̇ם̇ [38]היא אות[39] ו' **נ̇ח̇ל̇ק̇ת** ר"ל לא מחוברת **גם כן לשׁשׁה חלקים[40],**
והם[41] ו' אלפ̇ין שהם[42] א' א' א' א' א'•

ואלו נקראים יעקב ורחל, ובכללותם נקראים נוקבא דז"א. וכשנמשכים צלמי המוחין מאו"א לזו"ן, הנה הצלם
דמוחין דאבא נמשך ומתפשט בו"ק דמ"ה, הנקרא ז"א דכורא, והם בחינת אותיות עצמם. וצלם דמוחין דאימא
נמשך ומתפשט בו"ק דב"ן הנקרא נוקבא דז"א, והם בחינת מספר וחשבון דאותיות דז"א. וזה בערך ו"ק דמ"ה,
אמנם בערך מלכות דב"ן נקרא גם הם בחינת אותיות ממש. ואח"כ יוצא הארת הבינות והגבורות מוחין
שנתפשטו בזו"ן, ובונים ומתקנים את יעקב ורחל, כמו שנכתוב בכוונת ברכת אבות בע"ה. ואלו יעקב ורחל
הם המלכיות, הנקרא עטרת דיסוד דו"ק דמ"ה וב"ן דזו"ן הגדולים עצמם, לא המלכיות דמ"ה וב"ן הנז"ל,
שהם המלך השביעי, כי אותם יש להם בחינת אותיות ומספר, וכמ"ש בפרק ז' משער י"ד, שער או"א, ע"ש,
והם דוגמת בינות דאו"א. **וכל אלו הזו"ן הגדולים עם הנוקבא שהם יעקב ורחל, הגדולים עם הקטנים,**
כולם תיקוני זיווגם נתקן ונעשה ע"י האנשים לבד, וכולם נקראים בחינת דכורא, בערך הנוקבא הכוללת
הנתקנת ע"י הנשים, אשר יש בה כל הפרטות הנז"ל, **ועיין מאד להבין ענין זה היטב.** וכל אלו הפרצופים
דזו"ן ויעקב ורחל שהם הזה"ת דמ"ה וב"ן, נקראים נה"י גופא דזעיר ונוקביה, ונקראים נר"ן דנפש.
37

יפה שעה)א(- ואמנם היא נחלקת גם כן לו' חלקים, והם ו' אלפין כו'. אלפין ולא אות אחרת. יען הוא בחינת
ז"א, שהוא שם מ"ה כנודע. וקשה קצת, למה לא נחלק לומר ווי"ן, שהוא אות מעיקר השם. והוא בחינת ז"א
כנודע, והוה אתי שפיר דרוש דלקמן ד' אלפין, ולמה הניח אות מעיקר השם, ולקח אות המלוי.)והשמן ששון
כתב, יען דז"א יש בו ב' שמות מ"ה, שבהם ו' אלפין. ועיין שער לאה ורחל פרק ט', בענין ו' אלפי שניו דהוי
עלמא עיי"ש(. יאפשר לרמוז גם כן, כי כל אלו האורות דאח"פ הם בחינת דין, כמו שכתב רז"ל לעיל בפרק א'
דשער אח"פ. ומילוי בגימטריא אלהי"ם, מורה על דין כנודע. ועוד אפשר שלהורות נתן, שאור האזן המתלבש
בחוטם, היא שם ס"ג שלם. ומשם ס"ג דאימא המתלבש בזעיר אנפין, נעשה בז"א שם מ"ה, כמו שכתב רז"ל
בפרקין דלעיל דשער אח"פ.
38

בית לחם יהודה שי"ה פ"ב - אמנם היא נחלקת גם כן לשׁשׁה חלקים. שזהו גילוי יותר מאילו לא היתה
נחלקת.
39

גמרא זבחים די"ט ע"ב – אמר ליה, אמר קרא - ולבשם, לבישה מעכבת, ואין דבר אחר מעכב, צהבו פניו.
אמר ליה וי"ו וי"ו ואופתא)בקעת של עץ העשויה חריצים(**כתבי לך - כתבתי לך וי"ו על**
הבקעת, אות שׁאין ניכרת בה מפני שׁורות הבקעת, שׁמפסיקות בה הפסקות הרבה.
40

שורש אורות החוטם דא"ק הם ו' דנקודים, וו"ק דעולם התיקון שהוא עולם האצילות. בעולם הנקודים
הנקודות דז"א יצאו נפרדות אחד מהשניה, ולא מחוברות, והוא סוד אות ו' המתגלה כאן קטועה לשש חלקים
שהם ו"ק דעולם הנקודים, כאשר הספירות של עולם זה עומדים אחד מעל לשני, כמו אות ו' הקטועה לשש
חלקים, והם סוד רשות הרבים, ושבירת ו"ק דנקודים גרם ליציאת הקליפות. בעולם התיקון התחברו ו'
הנקודות האלו דז"א חיבור אמיץ בסוד הקווים הנקרא רשות היחיד, וזה הוא סוד אחדות ואהבת ישראל. יוצא
כי לפני התיקון היה סוד אות ו' שהוא ז"א בבחינת רשות הרבים, ואחרי התיקון נתחברו חלקי אות ו' ונקרא
רשות היחיד. וכאן בחוטם דא"ק השורש לכל זה. סוד אות ו' הנחלקת לחלקים מובא בגמרא במסכת חולין.

ע"ה שי"א פ"ה מ"ת דנ"ב ע"ב - עוד שינוי אחר היה בהם אשר בו יתבאר מלת בלתי תיקון מה ענינו,
והוא כי ג' נקודות הראשונים מלבד מה שיצאו כל אחד מהם כלולה מי', עוד זאת היתה בהם שהיו י' שבו
מחוברות יחד, ולא נפרדות זו מזו, אמנם ו' נקודות דז"א מלבד, היותן ו' חלקי נקודה א', וחסרו מהם הג"ר
שבהם, עוד שינוי אחר בהם שהיו **נפרדות זה מזה, ולא מחוברות, באופן שב' שינים נמצאו בז"ת מן הג"ר,**
שהם א"א, או"א, וזה סדרן בתחלה כאשר היה בלתי תיקון, כי אלו הי' נקודות כאשר יצאו בראשונה היו כל

הגהה[43] נ"ב למה אות ו' נחלקת לשש חלקים, מפני שהס האורות הכלווים לששה כלים חג"ת נה"י, והס הו' אלפין רמז לשיתא אלפי שנין דהוי עלמא הנקרא ז"א[44], בסוד[45] בונה עולמות ומחרבן.

הי' דומין כאלו ביחד היו פרצוף אחד לבדו, ולא שהיה ממש כך בציור אלא בדמיון, פירוש כי הנקודה העליונה היתה אז בחינת כתר, והשניים הם הב' והג' היו בחינת חו"ב, והו' היו בבחינת גוף בעל ו"ק, אמנם לא היו ממש מצויירות כמו שהוא עתה אחר התיקון. אמנם, בנקודה א' היו בה כללות י' בחינות, אלא שהיתה קטנה, וגם לא היה היו"ד שלה)נ"א לא היה שלם(בסוד פרצוף ממש, רק בסוד כללות, פירוש כי אז היתה בסוד ג' בחינות שהם עתיק, וא"א, וחכמה שבו, ששם ג' רישין הנ"ל. ואלו הג' בחינות היו מתפשטין בבחינת קוין בתוך ט' נקודות האחרות, כמו שהוא עתה, והם היו לבושין אליו ומלבישין אותו, גם הי' נקודות שבה היו קשורים כולם זה בזה בסוד קוין מתפשטין זו בזו. ופירוש ענין הקוין האלו נתבאר למעלה, וכן על דרך זה גם ב' הנקודות של חו"ב, היה כך שכל אחת היתה כלולה מי' וכולן קשורין זה בזה דרך קוין, **אבל אלו הו' חלקים נקודות של ז"א, יצאו נפרדות זו מזו, שלא כדרך קוין רק זו על גבי זו נפרדות, ולא מקושרות יחד, ואז היו נקראים אלו הו' רשות הרבים, כי לא היה בהם יחוד, והתקשרות, ואחדות, רק כדמיון אנשים נפרדין איש לדרכו פנה, ולא היה ביניהם אהבה, וחבה, ולכן לא יוכלו לסבול אלו הכלים שלהם בחינת האורות, ומתו.** כמו שכתוב חבור עצבים אפרים הנח לו, כי החבור גורם קיום והעמדה ומשל הדיוט אומר אם תקח י' קנים, כל אחת לבדו ישתברו, ואם תקח ג' לבד ביחד יתקיימו, ולא ישתברו.

ע"ח שי"א פ"ז מ"ת דנ"ד ע"ב - והנה אחר שנתקן ז"א נקרא רשות היחיד, כי הנה טעם וסבת העיבור של ז"א היה מפני זה, לפי שבתחלה היו ו' חלקים נפרדין זה מזה בסוד הרשות הרבים כנ"ל, לכן נכנס בסוד העיבור תוך אמא כדי לאסוף החלקים האלו הנפרדין תוך מעי בינה, ואז מחמת היותן מקובצים יחדיו, וגם לסבת שנתוסף בהם עתה אור אמא בכח. ב' סבות אלו יתחברו יחד ויתקשרו יחד, ואז בזה העיבור הראשון **נתחברו יחד ו' חלקים בבחינת קוין כנודע**, והוא כי חסד נכלל בנצח, וגבורה בהוד, ות"ת ביסוד, ואין)ועניין(זה נקרא ג' כלילן בג' כנ"ל, עד שיעברו ג' ימי קליטה, ואז נתחברו כולם יחד חיבור אחד יותר מעולה, והוא שכל חלק וחלק מהם נכלל מכל ז"ת, כמבואר אצלינו בענין התפילין שיש בהם כ"א אזכרות, לפי שבהיותן שם בסוד עיבור ראשון, היו בסוד ג' כלילין בג', ולא נכרו)נ"א נשאר רק הג' לבד, והיה כל אחד מהם כלול מכל הז' הרי כ"א. כי הז' היא נקודת המלכות, ואז הז"א בסוד ו' נכלל בתוך אות ה' ראשונה, שהיא אמא, והם ו"ק והמלכות היתה נקודתה בסיום הוא"ו,)נ"א הו"ק(בסוד אושיט פסיעה לבר, הנזכר פרשת בלק דר"ג, בפסוק אשורנו ולא קרוב, כמבואר אצלינו. ואז נעשה רשות היחיד, כי נעשו כולם יחוד ואחדות אחד, וזה סוד שאמרו בתיקונים קס"ו – רשות היחיד גבהו עשרה, דאינון יו"ד ה"א וא"ו ה"א, ורחבו ד', יהו"ה. פירוש כי נודע דהוי"ה דמ"ה דמלוי אלפין, הוא בז"א, אשר המלכים הו' שלו נתחברו יחד ונתקנו ונתקשרו, ונעשה מהם בחינת הוי"ה זו דאלפין, מקושרת אות באות יחד, בשם אחד, ומיוחד, ונקרא רשות היחיד.

גמרא חולין דט"ז ע"א - יתיב רב אחוריה דרבי חייא ישב רב מאחורי רבי חייא, ורבי חייא קמיה דרבי ורבי חייא לפני רבי, ויתיב רבי וקאמר ישב רבי ואמר, **מנין לשחיטה שהוא בתלוש** מאיפה לומדים ששחיטה צריכה להיות בכלי לא מחובר לקרקע, **שנאמר** על אברהם אבינו **ויקח את המאכלת לשחוט** את בנו, **א"ל רב לרבי חייא מאי קאמר** שאל רב את רב חייא מה מה אמר רבי, **א"ל** כמו אות וי"ו דכתיב דאופתא קאמר כמו כותב את אות ו' על בקעת של עץ העשויה חריצים, **ומפרש רש"י** – כמו שכותב וי"ו על הבקעת, וכולה מנותחת לפרקים, מפני שיני הבקעת שהן עשויין חריצין חריצין, ואינה חלקה. **רשות הרבים, רבים אותיות רומי, בבל, יון, מצרים.**

41

בית לחם יהודה ש"ה פ'"ב - והם ששה אלפין. כלומר ולא ששה ווי"ן להורות שכל חלק מהם הוא היה חלק אחד פרטי, ואינו נפרט גם כן לששה, כמו הו' שמספרו ששה.

42

תרשים ב – ה.

43

הגהה זו נמצאת בספר ע"ח של מרן הרש"ש בכתב יד, ולא ידוע אם היא הגהת הרש"ש, או היא שייכת לספר אחר, והרש"ש העתיק אותה כאן.

44

אלפין הוא מלשון אלף, בסוד ירדוף אחד אלף, והוא סוד גלגול מאות א' עד אות ץ' שהיא מספר תשע מאות ואחרי מספר זה בה מספר אלף, שאות מילוי אות א'. והוא סוד הגלגולתא, שהם גלגול האותיות מאות א' עד ת', אולך וחוזר. ידוע כי ימות העולם הם ו' אלפים, הנרמזים באות ו' הנחלקת לשש חלקים, כל חלק הוא אות א', שהוא בחינת אלף. והם שש אלף שנים דהוי עלמא, וזה נקרא עולם, וז"א מנהיג את העולם, בסוד המלאך מט"ט, ששמו כשם רבו, ובשמו של מלאך זה יש ו' אותיות.

תרשים ב – ו.

ע"ח ש"ה פ"ה דכ"ב ע"ד - הנה העולם הוא משישה קצוות, שהם מעלה, ומטה, וארבעה רוחות, **והם סוד זעיר אנפין** הכולל ו' קצוות, והתחלתם מחסד, כמו שכתוב - אמרתי עולם חסד יבנה וגו'. הרי כי העולם הוא מחסד ולמטה, יען היות העולם כגוף אל הראש, המתלבשת בסוד מוחין דזעיר אנפין, בתוך מוחותיו.

ע"ח שי"א פ"ו מ"ת דנ"ב ע"ג - ועתה צריך לתת טעם אל כל הנ"ל, מה נשתנו נקודות זו"ן מנקודות הג"ר. דע כי כל העולם כולו מתנהג ע"י זו"ן, וכמו שהם נקראו בנים של או"א, גם אנחנו נקראים בנים של זו"ן, בסוד בנים אתם לה' וגו'. וגם כי הכתוב אומר כי אמרתי עולם חסד יבנה, ר"ל שהעולם מבחינת החסד ואילך, שהם ז"ת, שהם כללות זו"ן, וזה סוד ז' ימי בראשית כנודע, ולכן כל הפגם שגורמים התחתונים ע"י מעשיהם הרעים, אינו מגיע בג"ר, שהם א"א, ואו"א, רק בז"ת שהם זו"ן.

ספר יצירה פ"ב משנה ז' - כ"ב אותיות יסוד קבועות בגלגל ברל"א שערים, חזר גלגל פנים ואחור, סימן לדבר אין בטובה למעלה מענ"ג ואין ברעה למטה מנג"ע.

דברים ל"ב ל' – איכה ירדוף אחד אלף ושנים יניסו רבבה אם לא כי צורם מכרם והוי"ה הסגירם.

45

סוד זה הוא ענין שבירת הכלים דעולם הנקודים, והוא יבואר בשערים ח' ט' י' י"א. צריך לדעת שיש ב' שיטות בעניין "בורא עולמות ומחריבן", אחת המבוססת על דעת ספר התמונה שיש ז' עולמות הנקראים ז' שמיטות, ובכל שמיטה יש ז' אלפי שנים, וביחד מ"ט אלפים של שנים, והאלף החמישים הוא היובל. השיטה השניה היא שיטת רבינו האר"י ז"ל, והוא דוחה בשני ידיים את שיטת השמיטות, ולשיטתו "בורא עולמות ומחריבן" הוא עולם הנקודים שז' ספירות התחתונות שבא יצאו מא"ק, ונחרבו. ולשיטתו קיום העולם הוא רק ז' אלפי שנים.

בראשית רבה פ"ט ב' - דבר אחר וירא אלהי"ם את כל אשר עשה והנה טוב מאד. רבי תנחומא פתח)קהלת ג(– את הכל עשה יפה בעתו. אמר רבי תנחומא – בעונתו נברא העולם, לא היה העולם ראוי לבראות קודם לכן. אמר רבי אבהו - **מכאן שהקדוש ברוך הוא היה בורא עולמות ומחריבן, בורא עולמות ומחריבן**, עד שברא את אלו. אמר – דין הניין לי יתהון לא הניין לי.

שער מאמרי רשב"י – עוד שם בדף קל"ה ע"א, וז"ל, תאנא בצניעותא דספרא, עתיקא דעתיקין כו', הה"ד ואלה המלכים אשר מלכו בארץ אדום כו', וענין המלך השמיני הנקרא הדר כו'. כבר ביארתי קצת לעיל, בתחילת אדרא זו בדף קכ"ח ע"א. ואמנם ענין זה יובן, במ"ש הכתוב, את שבתותי תשמורו. ואמר, ושמרו בני ישראל את השבת לעשות את השבת, הרי כי בכל פסוק, תמצא מוזכרים שתי שבתות ביחד, ובכלל הדבר הוא, להודיעך ענין טעות אחד, נפל בפי קצת המקובלים, כמו ספר קנה, וספר בעל התמונה. האומרים כי שבע שמיטות יהיו בעולם, וכל שבעה אלף שנה, הם שמיטה אחת. וכבר עברה שמיטה ראשונה, ואנחנו עתה בשמיטה הב', הרומזת אל ספירת הגבורה. וכיוצא בזה האריכו בדברים, אשר לא כן. ועתה אודיעך, כי אין להאמין בדברים האלו, וסיבת מי שהביאם לידי טעות הזה, יתבאר בדברינו אלה.

שערי גן עדן פתח א' דרך ג' ד"א ע"ב - ונחזור אל העניין כי בתמונה הנ"ל מבאר שם כל הנהגת של כל השמיטות אף אותם שיהיו אחר שמיטה זאת עד שיוכלו ז' שמיטות נגד ז' ספירות מן חסד עד מלכות, ובכל שמיטה ז' אלפים, וז' פעמים ז' הוא מ"ט אלפים, ובהם ז' שמיטות, ואחר כך יהיה היובל הגדול שהוא אלף החמישים, והוא כנגד ספירת הבינה שנקרא יובל הגדול, כמאמר הכתוב בשנת היובל הזאת תשובו איש אל אחוזתו, שכל אחד יורש מדרגתו, וכל הדברים יוחזרו אל שורשם שממנה יצאו ואליה ישובו עכ"ל התמונה. והנה עיקר סוד דברי התמונה יתבאר מתוך הדרושים שלקמן, אך עתה עיניכם לנוכח יביטו כי כבר חקרו ודרשו קודם שנתחדש זה העולם ומה שיהיה אחר שיכלה זאת השמיטה שנקרא עולם ואין הדברים כפשטן. והגע בעצמך שהרי זה מ"ש אין דורשין מה לפנים ומה לאחור, נלמד מקרא דכתיב כי שאל נא לימים ראשונים למן היום אשר ברא ה' אלקים אדם על הארץ, ואמרו מכאן אתה שואל, ואין שואלים מה לפנים ומה לאחור.

וטעם **הדבר**[46] למה ז"א נתגלה בחותם, ואות ו' נחלקה לו' אלפין כי **הה' פרצופים הנכללין** **באות ה'** הראשונה שבשם הוי"ה **שהם א"א, או"א, זו"ן**, והם נקראים ז"ל נקראים **יזנר"ן**[48] יחידה, חיה, נשמה, רוח, נפש, לפי זה **נמצא כי ז"א** שהוא עולם[49] היצירה, **הוא בבזינת רוחז**[50] כנודע. **והנה הכתוב אומר**[51] כל אשר **נשמת רוח** חיים באפיו, להורות כי בבזינת רוחז שהוא שורש ז"א **נתגלה באפו** של א"ק, שהוא הזיוטם דא"ק. לכן בזה הזיוטם שהוא בחינת רוח דנרנח"י[52] **נתגלה בבזינת ז"א, ונתזיולק** אות ו' **כו"ק** שהם ו' אלפין,

---

והנה יש לדקדק בזה המקרא כמעט שיש בו שפת יתר, והו"ל לכתוב שאל נא למן היום וגומר, וימים ראשונים למה לי, ועוד מאן אינעו ימים ראשונים, מכלל דאיכא אחרונים הי ניהו אחרונים הי ניהו ראשונים, אלא הוא הדבר עצמו שהכתוב מתיר לשאול מהשמיטה שקדמה לזו השמיטה, והשמיטה שקדמה לזו נקראת ימים ראשונים, והאחרונים הם השמטות העתידות לשמש עד יובל הגדול, כמו שמבואר בתמונה.
46

בית לחם יהודה ש"ה פ"ב - וטעם הדבר. קאי על מה שכתב לעיל שבחינת ז"א נתגלה בחותם, וגם על מה שכתב דוא"ו זו נחלקת לששה אלפין, ועל זה קאמר וטעם הדבר וכו'. ומפרש אחד אחד, כי מה שכתב שז"א נתגלה בחותם, הוא כמו שכתוב כל אשר נשמת רוח חיים באפיו. ולמה שכתב שנחלק לו' אלפין הוא כמנין ו"ק שבו.)כתב יד הרשב"א ז"ל(.
הרשב"א – רבי שמעון בן אבא)אגסי(רבו ומורו של רבי יהודה פתיא בתורת הח"ן.
47

הגהות וביאורים)א(–)בשער הקדמות דף י"ב א'(, הלשון מתוקן יותר(, וקאי על לעיל שכתב, שבחינת ז"א נתגלה בחותם.
48

הרב סידר כאן את מדרגת אורות הנרנח"י לפי מעלתם מלמעלה למטה.
49

שערי קדושה למהרח"ו, חלק ג' שער ו' – וזכור ואל תשכח כי גם על ידי עסק התורה בארבעה פירושים שסימנם פרד"ס, פשט, רמז, דרוש, סוד, **יהיה רוחו השכלי כסא אל שם הוי"ה שבעולם היצירה**, וכן על ידי המחשבה והכוונה תהיה נשמתו השכלית כסא לשם הוי"ה שבעולם הבריא.
עוד יוסף חי לרי"ח הטוב, קונטרס מראות יחזקאל, סימן ב' – ולכן אמר לו - עמוד על רגליך ואדבר אותך. ואמר - ותבוא בי רוח. זה הכח שנתן לו הקדוש ברוך הוא, וקראו בשם רוח, **כי קיבל נבואתו מיצירה, ששם** **הוא סוד רוח כנודע.** וכשבאה בי רוח, זה הכח העמידני על רגלי.
50

תרשים ב – ז.
51

בראשית ז' כ"ב - כל אשר נשמת רוח חיים באפיו מכל אשר בחרבה מתו.
52

כי בפסוק זה נזכר ב' בחינות גם בחינות נשמה, וגם בחינת רוח, כמו שכתוב **נשמת רוח חיים,** מדוע הרב דורש שהחותם הוא רוח ולא נשמה, התירוץ הוא – נשמה היא שם כללי לכל הנרנח"י,
ע"ח ש"ו פ"ה מ"ק דכ"ז ע"ד – בכל בחינה ובחינה יש ד' מציאות, שהם א' כלים, ב' נר ג' פנימים מקיף, ד' יחידה מקיף אל מקיף. וב' בחינות אלו האחרונים האחד נקרא חיה שהוא מקיף אחד, ונקרא נשמה לנשמה, והוא מן החכמה, בסוד והחכמה תחיה את בעליה, וכן חי"ם גימטריא חכ"ם. והשני שהוא מקיף הב' נקרא יחידה, והוא מן הכתר, לפי שאין נוקבא לאריך כמו שיש לשאר, לכן נקרא יחידה ואין שני, דעליה אתמר כי אחד קראתיו וגו'. וזה סוד מה שאמרו רז"ל – **ה' שמות יש לנשמה,** והם נגד ה' פרצופים נפש מלכות, רוח תפארת, נשמה בינה, חיה חכמה, יחידה כתר.

והם חג"ת נה"י [53] **שׁבו. אבל אות ד'** של האות ה' שיצאה עם אות ו' **נשארת אות אזות**

מזוברת מפני שהיא לא מתגלת בחותם, רק בפה דא"ק מתגלת אות ד', ויוצאת מהכח לפועל, ושם היא נחלקת,

ואות ו' שהתגלתה בחותם נחלקת צ"ל **לו' אלפי"ן** וכל זה בנקב החותם שבצד ימין, והוא אור המקיף. **וכמו שנזלקה אות ו' שבנקב הזוטם הימיני** לשש אלפין, **כך** אותה דרך **נזלקה אות ו' שבנקב הזוטם השמאלי** והוא אור פנימי, לשש אלפין, א' א' א' א' א'. הרב ז"ל עומד לצייר ב' ציורים של מילוי אות ו' כזה **וא"ו** בחותם, אחד במספר של גמטריא, ואחד בציור אותיות[54]. הציור

בראשית רבה פרשה י"ד ט' - חמשה שמות נקראו לה, נפש, רוח, נשמה, יחידה, חיה. **נפש** זה הדם שנאמר)דברים יב(כי הדם הוא הנפש. **רוח** שהיא עולה ויורדת, שנאמר)קהלת ג(מי יודע רוח בני האדם העולה היא למעלה. **נשמה** זו האופיה, דברייתא אמרין האופיתא טבא. **חיה** שכל האברים מתים, והיא חיה בגוף. **יחידה** שכל האברים משנים שנים, והיא יחידה בגוף, הה"ד)איוב לד(אם ישים אליו לבו רוחו ונשמתו אליו יאסוף.

53

יפה שעה)ב(- אבל אות דל"ת נשארת אות אחת מחוברת, ואות ו' נחלק כו'. ואם תאמר והלא המלכות לעולם היא אחרונה מז"א, והיא תחתיו כנודע. ואם נחלק ז"א מפרצופים העליונים ממנו, צריך שגם המלכות תחלק עמו. והיאך היא תשאר דבוקה בפרצופים העליונים למעלה ממנו. ואפשר כי לפעמים מצינו כי היא אשת חיל עטרת בעלה. וגם כי לפעמים עולה עמו ואינה יורדת עמו כנודע. ותהא שורשן מכאן.

54

כל שעור קומה בנוי משני חלקים שהם זכר ונקבה, כאשר צד הזכר הוא ט' הספירות העליונות של השעור קומה, והוא בחינת מספר אותיות, וצד הנקבה היא המלכות שבאותו שעור קומה, הוא בחינת הגמטריא של האותיות. מעלת צורת האותיות היא יותר גבוהה ממעלת הגמטריא שלהם, בערך ט"ס לערך המלכות. אפשר שהרב ז"ל רומז כאן בחותם במילוי **וא"ו** בשני הבחינות של צורה ומספר בפרצופי ישראל ויעקב, כאשר פרצוף ישראל רמוז בצורת אות **וא"ו**, והוא בחינת ט' ספירות העליונות דמ"ה דז"א, ופרצוף יעקב שהוא בחינת המלכות דמ"ה דז"א, רמוז במספר מילוי **וא"ו**. אבל....."אמרתי אשמרה דרכי מחטוא בלשוני אשמרה לפי מחסום".

ע"ח שי"ד פ"ז מ"ת דע"ג ע"א - דע כי יש כמה מדרגות פנים ואחור, והם שמות פשוטים ומלואים, לכן נבאר בחינת או"א **ומהם תקיש אל השאר**, והנה כתר דאבא הוי"ה פשוט, וכן כתר דאמא אהי"ה פשוט, זו פנים שלהם. ואמנם האחוריים שלהם הם י' אותיות, י' י"ה יה"ו יהו"ה האחורי כתר דאבא, א' א"ה אה"י אהי"ה אחורי כתר דאמא. **וכל זה בט' ספירות הכתר דאו"א**. ואמנם המלכות של הכתר דאבא הוא **בחינת חשבון** ר"ל חשבון ד' אותיות הוי"ה פשוטה שהוא כ"ו, ומלכות דכתר דאמא חשבון אהי"ה פשוט שהוא כ"א, ואלו הם הפנים של הב' בחינות מלכיות הנ"ל. והאחוריים שלהם הם אלו, אחוריים מלכות כתר דאבא, הוא חשבון י' אותיות פשוטים, דאחוריים שלו והם ע"ב, ואחורי מלכות דכתר דאמא, הם חשבון י' אותיות דאחוריים דאהי"ה, שהוא מ"ד.

רחובות הנהר ד"ז ע"ד - וכשנמשכים צלמי המוחין מאו"א לזו"ן, הנה הצלם דמוחין דאבא נמשך ומתפשט בו"ק דמ"ה, הנקרא ז"א דכורא, **והם בחינת אותיות עצמם**, וצלם דמוחין דאימא נמשך ומתפשט בו"ק דב"ן, הנקרא נוקבא דז"א, **והם בחינת מספר וחשבון דאותיות** דז"א, וזה בערך ו"ק דמ"ה, אמנם בערך מלכות דב"ן נקרא גם הם בחינת אותיות ממש.

ספר הזוהר, פרשת פינחס דר"ך ע"ב עם תרגום וביאור – **אמר רבי יוסי, כתיב אחת לאחת למצא חשבון,** והשאלה **חשבון דגימטריאות דקיימן בסיתרא** ידוע כי חשבון הגמטריאות נמצא במלכות הנקראת סהר, וכל בנין המלכות נעשה על ידי חשבון ומספר של הספירות דז"א, **באן דרגא דילה אינון** באיזה ספירה פרטית של המלכות מתחילה הוויית החשבון, **לא אתיב ליה** ולא השיב ראבי אבא לרבי יוסי תשובה על שאלתו, **אמר** רבי שמענא ולא אדכרנא מלה שמעתי דבר זה אבל אני לא זוכר אותו, **קם ההוא טולא** קם אותו הצל שנשמת רבי פנחס איתה מלובשת בו, **ובטש בעינוי דרבי אבא** והכה בעינים של רבי אבא, כדי לרמוז לו שבעניבה של המלכות נעשה על ידי החשבונות המתחילים מן העינים, כלומר מן החכמה ולמטה, **נפל על אנפוי מגו דחילו** נפל רבי אבא על פניו מחמת הפחד והיראה. **עד דהוה נפל על אנפוי** בעודו נופל על פניו, **נפל קרא**

הראשון של מילוי וא"ו בגמטריא **ובין כולם** בנקב ימין ובנקב שמאל **הם** ר"ל יש י"ב **אלפי"ן, ועם** כללות **הזוטם** עצמו **הם** מספר י"ג, **כמנין וא"ו**[55], הציור השני בצורת אותיות **וכן** ב' **ווי"ן אלו** בנקב ימין ובנקב שמאל שבחוטם, **(הם) עם** כללות **הזוטם** עצמו **(נ"א עצמו כ"ג) שצורתה א' כנודע**, הרב מסביר אך החוטם עצמו הוא בצורה של אות א' **כי**[57] **ב'** החללים שב**נקבי הזוטם הם** בצורת ב' **יודי"ן, והכותל המפסיק ביניהם** בין נקב ימין לנקב שמאל, וכותל זה **הוא צורת** אות ו', **הרי** החוטם עצמה בחינת האור **צורתה א'**[58], **ועם ב' ווי"ן הנ"ל** שהם בחינת האור שבחלל הנקבים, **הרי וא"ו**[59]. הרב עונה על שאלה שעולה, למה בחוטם במילוי של אות ו' הוא באלפין כזה וא"ו **והוא להורות כי למעלה בבחינת ראש, ששם**[60] מקום מוזין הוא שם ע"ב הכללי, **הוי"ה דיודי"ן** יו"ד ה"י וי"ו ה"י, **וכאן הוא** בחוטם חלק מ**שם ס"ג** הכללי, והוא יו"ד ה"י וא"ו ה"י, והחוטם הוא מ"ה דע"ב דס"ג, **כי אין הפרש בין הוי"ה דע"ב** שהוא יו"ד ה"י וי"ו ה"י, **להוי"ה דס"ג** שהוא יו"ד ה"י וא"ו ה"י, **רק במילוי דאות ו' כנודע** כי מילוי אות ו' שם ע"ב הוא וי"ו, והמילוי אות ו' בשם ס"ג וא"ו[61], יוצא כי יש הפרש בין שם ע"ב שהוא בחינת המוחין, לבין שם ס"ג שהוא בנקבי הפנים. **ואלו הב' ווי"ן** שבנקב ימין ובנקב שמאל שבחוטם **הם בבחינת טעמים אמצעים** והם מ"ה דע"ב דס"ג **שבאמצע התיבה** כי הטעמים העליונים שהם ס"ג דע"ב דס"ג יצאו דרך האוזנים, **והם** נקראים **פסק, ומקף כנודע** שיש רק ב' בחינות של טעמים אמצעים, וכל אחד מהם הוא הפך השני[62], **כי**

בפומיה נפל פסוק זה בפיו, דכתיב - **עיניך ברכות בחשבון על שער בת רבים. ואלין עייניין דילה** אלו הם העינים של המלכות, שהם בחינת החכמה דיליה.
55

תרשים ב – ח.
56

בית לחם יהודה ש"ה פ"ב - וכן ב' וו"ן אלו עם החוטם שצורתה א'. לפירוש הא' הוא בחינת חשבון, שהוא מספר י"ג. ולפירוש הב' הוא צורת האותיות ממש, ולא בבחינת חשבון.
57

בית לחם יהודה ש"ה פ"ב - כי שני נקבי החוטם הם ב' יודי"ן. הכוונה על חלל נקב החוטם, ולא על בחינת האור העובר מדרך הנקב, כי האור הוא ו'.
58

תרשים ב – ט.
59

תרשים ב – י.
60

בית לחם יהודה ש"ה פ"ב - ששם מקום המוחין הוא שם ע"ב. מבואר מזה שכל המוחין דא"ק הם מבחינת הע"ב בלבד, ולא מס"ג. ועיין בדברינו בפרק א' דלעיל בד"ה ג"ר שבו וכו'.
61

שם ע"ב דומה לשם ס"ג עם שינוי אחד בלבד, השינוי בשם ע"ב לעומת שם ס"ג הוא במילוי אות ו', כאשר בשם ע"ב המילוי הוא עם אות י', כזה וי"ו, ובשם ס"ג המילוי הוא עם אות א', כזה וא"ו.
תרשים ב – י"א.
62

הוראת הפסק הוראת אות ו' **ש'ל ה'ה'** ר"ל שבתוך אות ה' שנתגלתה באוזן, וכאשר יצאו אורות החוטם יצאו מבחינת אות ה' המחולקת לב' אותיות, אות ד' ואות ו'. ואות ו' שנתגלתה בחוטם בפועל **שנ'פסק** ר"ל נחלק אות ו' **אלפ'ין** א' א' א' א' א' **כנ'ל** כי כאשר היתה אות ו' תוך אות ה', מבחינת עיבור, כל אות ה' היתה שלמה, וכשנתגלה אות ו' בחוטם היא נחלקה לשש חלקים, ואות ד' לא יצאה מהכח לפועל, ורק היא תתגלה באורות הפה, ותתחלק בפה, **ולכן נק'רא פסק'** והוראתו – חלוקת אות ו' לשש חלקים, וכל זה גם בנקב הימני, וגם בנקב השמאלי. **וכאשר תזכר**[63] זה הפסק עם המוקף שהם ב' הטעמים האמצעים **הוא** ר"ל הם יהיו בצורת אות **ד' אזזד, והוא הוראה** ורמז **ע'ל אות ד' ש'ל אות ה'** שכאן בחוטם נתגלתה רק בכח, ואות ד' תתגלה בפה בפועל, וביותר פרטות. **והנה** אות ד', **זו כבר אמרנו לעיל שאינה נפסקת** ולא נחלקת בחוטם כמו אות ו' שנחלקת לשש אלפין. כאן הרב בונה ד' צורות של האות א' הרומזים לאות ד' שבחוטם[64] וארבע צורות אלו של אות א' שבחוטם הם **השורשים** לארבע אותיות א' אשר התגלו בפה, ויצאו מהכח לפועל, ששורשם הוא ארבעה אלפין בחוטם, יצאו בפה בפועל בבחינת ארבע[65], **אבל יש הוראה**

ציור הפסק הוא קו אנכי המפסיק בין תיבה שלפני לתיבה שאחרי, ציור המקף הוא קו אופקי, המחבר בין ב' תיבות להיות כמו תיבה אחת.

תרשים ב – י"ב.

גמרא ביצה דל"ב ע"ב - ואין מקיפין שתי חביות לשפות עליהן את הקדרה. **ומפרש רש"י במסכת סוטה ד"ל ע"א** – מוקף לשון מחובר ומקורב, כמו אין מקיפין שתי חביות במסכת ביצה.

63

תרשים ב – י"ג.

64

יש מספר דרכים לצייר את אות א', לפעמים אות א' היא בצורת יו"ד, או בצורת יו"י, לפעמים אות א' היא בצורת יוו"ד, או יוו"י. הלכה למעשה ציורים אלו מובאים בכוונות האכילה.

תרשים ב – י"ד.

לפעמים הרב ז"ל מצייר את אות א' בצורת יו"ר, והוא בכוונות התפילה.

תרשים ב – ט"ו.

65

רז"ל רמזו את בחינת ב' האורות שנכפלו בסוגית יציאות השבת, ידוע שבשבת נקראת מלכות, והמלכות נקראת פה.

גמרא שבת ד"ב ע"א - יציאות השבת שתים שהן ארבע בפנים ושתים שהן ארבע בחוץ.

תיקוני הזהר, הקדמה ב', פתח אליהו - מלכות **פה** תורה שבעל פה קרינן לה.

ע"ח שער ו' פ"א מ"ת דכ"ד ע"ג - והנה באזן וחוטם לא היה רק ב' בחינות של אור, והם פנימי ומקיף, אבל כאן בפה נכפלו הבחינות והיו ב' שהן ד', כי הנה הם היו בחינת אורות וכלים, והאורות נכפלו לב' בסוד פנימי ומקיף, והכלים גם כן פנימי וחיצון, **ואלו ד' בחינות הם בחינת גילוי אותם ד' אלפין הנ"ל שהיו בחוטם**, כי האור עבר ונמשך דרך פנימיות האדם הזה ויצא דרך הפה. והנה הב' אלפי"ן שציורם יו"י הם אור פנים, ואור מקיף. והב' אלפי"ן שציורם יו"ד הם ב' בחינות הכלי פנימי, וחיצוניות, ואלו הד' בחינת הם עצמן בחינת ב' אזנים, וב' נקבי החוטם, שנתגלו כאן בפה, כי מן אזן ימין נמשך האור ויוצא דרך הפה בסוד אור מקיף, ומן החוטם ימין נמשך ויצא דרך הפה אור פנימי.)וב' אלפים שציורם יו"ד הם בחי' הכלי פנימי וחיצון(ומנקב חוטם שמאל נמשך ונעשה פנימיות הכלי, ומן אור אזן שמאל נמשך ונעשה חיצוניות הכלי. ואלו הד' בחינות נכנסו בפה, כי הנה בפה יש בחינת הבל, ובחינת דבור, והנה ההבל הוא בחינת אור, והדבור הוא בחינת הכלי. והנה יש הבל ודבור העליון בלחי העליון, סוד ג'יכ"ק, שהוא בחכמה, והבל ודיבור תחתון בלחי תחתון, סוד אהח"ע, שהוא בבינה. ונמצא כי הבל עליון הוא אור מקיף, והתחתון הוא פנימי, ודבור עליון כלי חיצון,

אזרת אליה ורמז לאות ד' הנמצאת בחוטם, **והוא כאשר תקזז הה' שבאזן ימין** שהיא

אותיות ד"ו **שמספרה י' ספירות** כי הגמטריא של אותיות ד"ו הם י"ו **כנ"ל**[66] ואות י' זאת באזון ימין היא

בחינת אור מקיף, **והרי היא בזויונה י' אזזת** כלומר אות ה' שבאזון ימין רומזת לה' פרצופים, והם שעור

קומה של י' ספירות, **ותצרפנה**[67] **ותזוברנה עם הה' שבנקב ימיני של זזוטם** והם אור

מקיף דחוטם, **שצורתה ד"ו** צ"ל ו"ד **כנ"ל** כי בחוטם יצאה אות ה' רק שהיא נחלקת לאות ו' ולאות ד' והם

ו"ד, **הרי הכל** אות י' שבאזון ימין, עם אותיות ו"ד שבחוטם ימין **הם צורת** אותיות יו"ד[68], **והוא**

ציור כזה של אות א'[69] והיא האות הראשונה מד' האלפין הרומזים לאות ד' שבחוטם, אות **י'**[70] שיצאה מהאוזן

הימנית **למעלה** ר"ל בחלק העליון של אות א', **ו' באמצעיתא** ר"ל באמצע אות א', והיא מחלקת בין החלק

העליון לחלק התחתון, כמו פרסא, **ד' למטה**[71] ר"ל בחלק התחתון של אות א'. אותו ציור של האות א' נמצא

באוזן השמאלית, והוא מבחינת אורות הפנימים, **גם את תקזז י' שבנקב אזן שמאל** אשר היא בעצם

אות ה', הבנויה מב' אותיות, שהם אות ו', ואות ד', והגימטריא של אותיות ו"ד היא י', ואות זאת רומזת לאורות הפנימים

דאזן, **ותזוברנה עם** אותיות ו"ד **שבנקב זזוטם שמאל** שהם האורות הפנימים דחוטם, **הרי**

אות **אלף** צ"ל א' ב' ר"ל השניה **שצורתה יו"ד**[72], והיא האות א' השניה

ר"ל פנימיות הכלי וחיצוניות הכלי(ודבור תחתון כלי פנימי, והאורות שהם ההבלים הם בימין הפה, והדברים שהם הכלים, הם בשמאל הפה.
66

באוזן ימין ובאוזן שמאל מתגלה אות ה' בכל אחת מהאוזנים, ה' זאת רומזת לה' פרצופים שיש בכל אוזן שהם – א"א, או"א, וזו"ן. אות ה' שבכל אוזן בנויה מב' אותיות, שהם אות ד' ואות ו', וב' האותיות צורתם ד"ו, והגימטריא שלהם היא י', שהם י' ספירות. באוזן ימין י' ספירות שהם בחינת אורות מקיפים, ובאוזן שמאל י' ספירות שהם בחינת אורות פנימים.
תרשים ב – ט"ז.
67

בית לחם יהודה ש"ה פ"ב - ותצרפנה ותחברנה עם הה' שבנקב ימיני של החוטם. טעם צירוף האזן עם החוטם, לפי שאור האזן הוא מתלבש תוך אור החוטם, כמו שכתוב בסמוך, ולכן מצטרף עמו.
68

ר"ל אם תחבר אות י' שבאוזן הימנית, עם אותיות ו"ד שבחוטם הימני, תקבל אותיות יו"ד.
תרשים ב – י"ז.
69

תרשים ב – י"ח.
70

בית לחם יהודה ש"ה פ"ב - יו"ד למעלה וא"ו באמצעיתא דל"ת למטה . אף על פי שהדל"ת הוא רומז לד' פרצופים, שהם א"א וא"ו, ונוקבא, ואם כן איך יהיה אות הדל"ת למטה מן ה'. מכל מקום עיקר אות הדל"ת הוא כינוי לנוקבא אשר עמהם, כי הנוקבא נקראת דל"ת.
71

הגהות וביאורים)ב(- והנה הציור של ד' אלפין ב' יו' וב' יו"ד גימטריא צ"ב, ועם כללות הפה שיוצאים משם, הרי צ"ג, ועל זה הסוד היו בבית המקדש של מטה צ"ג כלים, להורות שלא נגלו בחינת הכלים בעולם האצילות זו עד שנגלו הד' אלפין מחוץ לפה דא"ק, שמספרו ל"ג. מע"ח כתב יד של בעל יוש"ה.
72

מד' אלפין הרומזים לאות ד' שבחוטם[73], **וַהֲרֵי ב' אַלְפִּין בְּצִיּוּר יוּ"ד** אשר א' אחת רומזת לאור המקיף, ואות א' השניה רומזת לאור הפנימי. **וְאִם תְּצַיֵּיר צִיּוּר אַזֵּר** על ידי שתצרף את בחינות האוזן והחוטם באופן אחר, **וְהוּא שֶׁתְּצָרֵף י'** שהם אורות פנימים **שֶׁל אֹזֶן שְׂמֹאל** אשר היא בעצם אות ה', הבנויה מב' אותיות, שהם אות ו', ואות ד', והגימטריא של אותיות ו"ד היא י' אות ו' אור פנימי **שֶׁל זוּטָם שְׂמֹאל** וְאוֹת י'[74] הרומזת לאור מקיף **שֶׁל אֹזֶן יָמִין** אשר היא בעצם אות ה', הבנויה מב' אותיות, שהם אות ו', ואות ד', והגמטריא של אותיות ו"ד היא י', **הֲרֵי** נקבל אות א' **צוּרַת** אותיות יו"י[75] והיא האות השלישית מד' אלפין הרומזים לאות ד' שבחוטם[76]. **גַּם אִם תְּצָרֵף י'** הרומזת לאור מקיף **שֶׁל אֹזֶן יָמִין** אשר היא בעצם אות ה', הבנויה מב' אותיות, שהם אות ו', ואות ד', והגימטריא של אותיות ו"ד היא י', עם אות ו' אשר היא אור מקיף **שֶׁל זוּטָם יָמִין,** עם אות י' הרומזת לאור פנימי **שֶׁל אֹזֶן שְׂמֹאל**[77] אשר היא בעצם אות ה', הבנויה מב' אותיות, שהם אות ו', ואות ד', והגימטריא של אותיות ו"ד היא י', הרי נקבל אות א' בצורת אותיות יו"י[78] והיא האות א' הרביעית מד' אלפין הרומזים לאות ד' שבחוטם[79]. **הֲרֵי ד' אַלְפִּין,** הרומזים על אות ד' שבחוטם **עִם הַנַּ"ל** כאשר ב' אלפין צורתם יו"ד, וב' אלפין צורתם יו"י. ד' אלפין אלו הם רומזים לאות ד' שבחוטם, והם כולם בחינת שורש לאורות הפה. אורות הפה הם בעצם גילוי אות ד' מאותיות ד"ו שבאוזן, ואות זאת יוצאת מהכח לפועל ומתגלת בפה דא"ק. בתוך הפה אות זאת נחלקת לארבע אלפין, אשר השורש שלהם הוא בחוטם, בגלל שהפה הוא בעל נקב אחד, ולא כמו האוזנים והחוטם שהם בעלי ב' הקבים כל אחד, מתגלים בפה בחינת כלים, לכן בפה דא"ק יש ב' בחינות של אורות וכלים. הלכה למעשה משתמשים באותיות אלו בכוונות האכילה[80]. **וְאֵלּוּ הֵם מוֹרִים קְצָת גִּילּוּי** ולא גלוי

י' דאוזן שמאל, אשר היא בחינת אור פנימי, מתחברת עם אותיות ו"ד שבנקב שמאל דחוטם, אשר בחינתו הוא אור פנימי דחוטם, חיבור זה הוא אותיות יו"ד, והם רומזים לאור פנימי.
תרשים ב – י"ט.
[73]

תרשים ב – כ.
[74]

הגהות וביאורים)ג(- חוטם ימין בכתב יד.
[75]

חיבור של אות י' דאוזן ימין, עם אות ו' שבחוטם ימין, ואות י' שבאוזן שמאל, חבור זה הוא אותיות יו"י.
תרשים ב – כ"א.
[76]

תרשים ב – כ"ב.
[77]

הגהות וביאורים)ד(- חוטם שמאל בכתב יד.
[78]

חיבור של אות י' דאוזן שמאל, עם אות ו' שבחוטם שמאל, ואות י' שבאוזן ימין, חבור זה הוא אותיות יו"י.
תרשים ב – כ"ג.
[79]

תרשים ב – כ"ד.
[80]

יוצא שיש ד' ציורים של האות א', יו"י, יו"י, יו"ד, יו"ד, כאשר מעלת צורת אות א' בציור יו"י היא גדולה יותר מציור אות א' בציור יו"ד, יו"י היא בחינת חסד, יו"ד היא בחינת הגבורה.
שַׁעַר הַמִּצְוֹת פרשת עקב - גם נודע מ"ש בפרשת ויקרא ד"ד אכלו רעים, לעילא דא או"א דתמן אכילה, ולכן צריך לכוין בעת האכילה אל אות אלף שהיא בינה כנודע, בסוד מ"ש)פרק הבונה בשבת ק"ד(אלף בית, אלף

שָׁלֵם עַל אוֹת ד' שֶׁל ה' המתחלקת לאותיות ו"ד שֶׁבְּזוּטָם בבחינת שורש, שֶׁנִּגְלֵית מְעַט אֲבָל לֹא נִגְלֵית לְגַמְרִי, כמו הָאוֹת ו' שֶׁל הֲהֵ', אֲבָל עִיקָר גְּמָר גִּילּוּי הַד' שבחוטם הוא לְמַטָּה בְּאוֹר הַפֶּה[81], כמו שֶׁנִּכְתוֹב בע"ה.

וְדַע זה הרב ביאר אך מתחברים אורות האוזן עם אורות החוטם, ומחיבורים אלו נעשו צירופי אותיות א' בצורות שונות, הסיבה לזה היא **כִּי י' סְפִירוֹת אֵלּוּ שֶׁל אוֹרוֹת הָאָזְנַיִם, כל זמן שֶׁהֵם נִמְשָׁכִין** ומתפשטים **עַד[82] גְּבוּל הַחוֹטָם, אָז[83]** אור האוזן **הוּא יְחִידָה** צ"ל יחידי **בִּפְנֵי עַצְמוֹ** ונקרא ג"ר דאוזן, ואור באוזן לא מתלבש בשום פרצוף תחתון מהם[84], **אֲבָל כַּאֲשֶׁר שֶׁנִּמְשָׁךְ** אור האוזן ומתלבש **מִגְּבוּל הַחוֹטָם וּלְמַטָּה, כמו שֶׁבֵּיאַרְנוּ** ומגיע **עַד שִׁבּוֹלֶת הַזָּקָן, אָז מִתְלַבֵּשׁ אוֹר הָאוֹזֶן** שהוא ו"ק דאור האוזן **בְּתוֹךְ אוֹר הַחוֹטָם** ואור החוטם אשר בתוכו אור האוזן מתלבשים בתוך אור הפה, **וְנַעֲשֶׂה (אֵלָיו ל"ג) בְּחִינַת (פְּנִימִיּוּת ל"ג) נְשָׁמָה פְּנִימִית אֵלָיו[85]** כי כל המתלבש בתחתון ממנו נעשה נשמה לו[86]. **וְכֵן אוֹר הַחוֹטָם** הג"ר שלו מגולים, **וּכְשֶׁנִּמְשָׁךְ מִגְּבוּל**

בינה, ותכוון בציורה אל החכמה כמו שיתבאר. ואמנם אם תוכל לכוין כוונות אלו בהמשך כל זמן אכילתך הוא דבר גדול, ולפחות תכוין כוונה זו כשאתה אוכל אותה הפרוסה של כזית דהמוציא, אשר ברכת עליו וחתחלה. תכוין כוונה קצרה דרך כלל, וזו היא - כי הנה ענין הבירור ע"י ל"ב שינים, שהם כנגד ל"ב נתיבות חכמה המבררין הכל כנזכר, דבמחשבה אתברר כלא, והם הטוחנין ומפררין את המאכל, ועל ידי כך מתברר האוכל מתוך הפסולת, כדרך הרחיים הטוחנות התבואה, ואחר כך מתפררין הסובין והמורסן שהם הקליפות, מן הקמה שהוא האוכל. מה שאין כן קודם שנטחן, שהיו דבוקים יחד בתכלית. והנה ש"ן בגימטריא אחוריים דהוי"ה דיודי"ן דע"ב שבחכמה, שהם גימטריא קפ"ד. ואחוריי דהוי"ה דס"ג שבבינה, שהם גימטריא קס"ו, וקפ"ד וקס"ו גימטריא ש"ן. כי השן טוחנת בחיבור או"א. גם תכוין כי ל"ב שינים אלו הם רמוזים בציור אות **א'** שצורתה יו"י, יו"ד לעילא, יו"ד לתתא, וא"ו באמצעיתא. וכבר נתבאר בתיקונים סוף תיקון כי אות **א** בציור יו"י היא בחכמה, וזו הוא וא"ו שאמצע צריך לחלקה לאורכה, ותהיה שני ווי"ן זו על גבי זו, כזה - **א** ואז נמצאו יו"ד עלאה עם וא"ו עלאה, הם י"ו שינים העליונים, ויו"ד וא"ו התחתונים הם י"ו שינים התחתונים.
81

ע"ח ש"ו פ"ב מ"ת דכ"ד ע"ד - הנה אותן הד' אלפין שציירנו לעיל בחוטם, הם נכנסין בפה, ונעשים שם ד' הבלים. והנה ד' פעמים הבל גימטריא קמ"ח, כי ע"י השינים שבתוך הפה נטחנים אותן הד' הבלים, ונעשים קמח ונגמרת פעולתן.
82

בית לחם יהודה ש"ה פ"ב - עד גבול החוטם. היינו עד סיום אורך החוטם.
83

בית לחם יהודה ש"ה פ"ב - אז הוא יחיד בפני עצמו. לפי שעדיין אינו מתלבש תוך אור החוטם.
84

תרשים ב – כ"ה.
85

ו"ק דאור האוזן מתלבש תוך אור החוטם, ונעשה נשמה אליו.
תרשים ב – כ"ו.
86
אור האוזן מתלבש ביחד עם אור החוטם באור בפה, ומגיע עד שבולת הזקן. יוצא כי לאור האוזן יש שיעור קומה שלם, כאשר ג"ר דאוזן מגולים, ו"ק דאוזן מתלבשים בפרצופים היותר תחתונים מהם.

הַפֶּה ולמטה עד החזה, **אָז מִתְלַבֵּשׁ** אור החוטם, שהוא ו"ק דחוטם **בְּאוֹר הַפֶּה, וְנַעֲשָׂה** הו"ק של הַחוֹטֶם בְּזוּנָּה נִשְׁמָה וּפְנִימִיּוּת אֶל אוֹר הַפֶּה.[87] **גַּם דַּע** סוגיה זאת היא הפך מה שברב כתב בפרק א'[88] **כִּי אוֹתוֹ הָאוֹר הַיּוֹצֵא מִתּוֹךְ א"ק** שהוא בחינת ע"ב דס"ג הכולל **הַזֶּה, הִנֵּה הוּא כּוּלּוֹ** [דכ"ב ע"ב 43] **אוֹר אֶחָד שָׁוֶה** ואין בו שינוי, כל עוד הוא לא יצא, אבל צריך לבאר מה גרם לשינויים במדרגות האורות היוצאים דרך אח"פ, כי כל אור היוצא קודם במעלתו לאור היוצא אחריו, כאשר אור האוזן נקרא נשמה, אור החוטם נקרא רוח, ואור הפה נקרא נפש, **רַק** אחרי שיוצא חיצוניות האור דרך נקבי אח"פ והעינים, הנקרא עסמ"ב דע"ב דס"ג,[89] הוא משתנה, בגלל שהתלבש בכלים דאח"פ **כִּי עַל יְדֵי**

כלל – כל פרצוף עליון המתלבש בפרצוף שמתחתיו נעשה נשמה אליו.
87

ו"ק דאור החוטם מתלבש תוך אור הפה, ונעשה נשמה אליו. אור החוטם מגיע עד חזה דא"ק. יוצא שלאור החוטם יש שיעור קומה שלם, כאשר ג"ר דחוטם מגולים, וו"ק דחוטם מתלבשים באור הפה.
תרשים ב – כ"ז.
88

בסוגיה זאת הרב ז"ל סותר את עצמו לעומת מה שכתב בפרק א' מ"ב שבשער הזה, כאן הרב ז"ל כותב כי האור היוצא דרך נקבי הפנים, מתפשט מלמעלה למטה, ובדרך התפשטותו יוצא האור דרך האוזן, חוטם והפה. לפי זה יוצא כי האור הזה מתפשט באור ישר, והוא בחינת חסד. בפרק א' מ"ב דשער זה הרב ז"ל כותב כי האורות שיצאו דרך הפנים עלו מתחת הטבור דא"ק ויצאו דרך הפנים בבחינת אור חוזר, והוא דין, כמו שמעיר הבל"י. בשער הנקודים בפרק ב' מרן הרש"ש בהגהה שלו שולח את המעיין לשער טנת"א פ"א מ"ב, ומשמע מדבריו כי עיקר יציאת האורות היה באור חוזר, כלומר אורות עסמ"ב דס"ג דא"ק עלו מהטבור ולמעלה, ויצאו דרך אח"פ, ולא כמו בסוגיה זאת.

ע"ח ש"ה פ"א מ"ב דכ"א ע"א – וזה הס"ג היה מחציו ולמטה שהם הנקודות שבו. **מלובש מטיבור ולמטה דא"ק תוך מ"ה וב"ן דא"ק, וכל זה הוא פנימיות א"ק עצמו אורות וכלים.** ואחר כך הוציא בחינת החיצוניות להלבישו, ותחלה הוציא מן ע"ב הכולל הפנימי שהוא השערות של הכתר, מקיפים ראשו מבחוץ עד המצח, ועד האזנים כנודע. ואחר כך הוציא שערות הזקן, הנמשכין מן ס"ג (עצמו) הכולל, הנקרא נקודים, שמהם נעשו כללות ג' מוחין שבו, ונמשכין תחלה סוד הטעמים דס"ג, שהוא אח"פ עד טיבורו. ואחר כך לא הוציא שאר בחינות לחוץ, יען כי הם מלובשים תוך מ"ה וב"ן כנ"ל, כדרך אורות ע"ב הכולל שלא נתגלה ממנו רק השערות, הנמשכים מע"ב של ע"ב הכולל, ושאר חלקם טמיר תוך ס"ג הכולל. והנה רצה להוציא גם מן מ"ן וב"ן שלו הפנימים חיצוניותם לחוץ, ואז עלו כל בחינות ס"ג הפנימים הטמונים תוך מ"ה וב"ן הפנימים, ועלו עמהם מ"ה וב"ן הפנימים, ואז אלו מ"ה וב"ן הם מ"ן שלהם אל הטעמים עצמן דס"ג, שאינם מלובשין תוך מ"ה וב"ן, כי כמו שלצורך עיבור זו"ן מזדווגין או"א עלאין. וישסו"ת נכללין עמהם, כן הכא הטעמים דס"ג מזדווגים עם כל ע"ב, ומכ"ש שנקודים תגין ואותיות דס"ג מתחברים עמהם וטפלים להם, ולכן אינם עולין בשם.

הגהת הרש"ש [בן] בש"ח פ"ב דל"ו ע"א - נ"ב, עיין לעיל בפרק א' דשער טנת"א מ"ב, ותקרא כל פרק המתחיל דע כי ד' בחינות כו', ותראה מה בחינה עלה למעלה מן הפרסא, ומה בחינה ירד ובקע הפרסא, ומה בחינה יצא מן העינים. וכללות דבריו שם הוא כי ב' בחינות מ"ה וב"ן הכוללים דא"ק, הם שעלו למעלה בבחינת פנימיות וחיצוניות, ועלו למ"ן לע"ב וס"ג הכוללים, כדי להזדווג בדרך זו"ן שעולים למ"ן לאו"א. ואחר כך יצא תיצוניות ב"ן מן העינים, שהוא הנקודות. ופנימיות ב"ן ופנימיות וחיצוניות מ"ה בקעו הפרסא וירדו למקומם, ואחר כך חיצוניות מ"ה יצא מהחיצוניות כו', והוא כו', ובכאן הכתיבה חתוכה.
89

באופן כללי האור היוצא דרך אח"פ והעינים הוא בעל שיעור קומה שווה, ונקרא ע"ב דס"ג הכללי, אבל אפשר לפרט אותו לפרטים, והם עסמ"ב דע"ב דס"ג, בחלוקה זאת אפשר לראות הבדל בין אור אחד לשני. כי אור העין שהוא ע"ב דע"ב דס"ג הוא חכמה, אור האוזן שהוא ס"ג דע"ב דס"ג הוא בינה, אור החוטם שהוא מ"ה דע"ב דס"ג הוא חג"ת נה"י, ואור הפה שהוא ב"ן דע"ב דס"ג הוא מלכות.

הִתְרַחֲקוּתוֹ וִירִידָתוֹ ממקורו שהוא קו הא"ס המתלבש בא"ק, ויְרידתו למטה יותר ממדרגה למדרגה **הוּא מִתְעַבֶּה עֵיבּוּי אַחַר עִיבּוּי**[90] ונעשה פחות ופחות זך. **כֵּיצַד** מתעבה האור? - **הָאוֹר** הנמצא בתוך א"ק **הַנִּמְשָׁךְ וְיוֹצֵא** קצת מהאור **דֶּרֶךְ הָאֹזֶן** ר"ל בוקע את האוזן, והאור הזה שיוצא דרך האוזן **הוּא זַךְ מְאֹד** והוא בחינת נשמה דע"ב דס"ג, ונקרא ס"ג דע"ב דס"ג, ואפילו שהוא חיצוניות האור היוצא לאור הנשאר בפנים, עם כל זה אור האוזן נקרא זך, ביחס לאורות אחרים היוצאים מא"ק למטה מהאוזן, **וְכַאֲשֶׁר**[91] **נִמְשָׁךְ** יותר למטה **הָאוֹר הַזֶּה** שֶׁ**בִּפְנִימִיּוּת הָא"ק** הרי הוא ממשיך להתפשט עוד בתוך א"ק ויורד יותר למטה **עַד הַגִּיעוֹ אֶל הַחוֹטֶם** דא"ק, **וְיֵצֵא קְצָת**[92] ר"ל חלק קטן מהאור הפנימי דא"ק הנקרא מ"ה דע"ב דס"ג, והוא בחינת רוח דע"ב דס"ג, יוצא **דֶּרֶךְ שָׁם** ר"ל בוקע דרך החוטם, והאור היוצא דרך החוטם **הוּא מִתְעַבֶּה** יותר מהאור היוצא דרך האוזן **וְקוֹנֶה אֵיזֶה עֲבִיּוּת וְגַסוּת** בערך האור האוזן, **וְאַף עַל פִּי שֶׁהוּא** (אורות ל"ג) **אוֹר אֶחָד שָׁוֶה** בפנימיות א"ק, **עִם כָּל זֶה מֵחֲמַת הָרִיזוּזָק שֶׁנִּתְרַזֵּק** האור בפנימיות א"ק ממקורו, **וְנִמְשָׁךְ יוֹתֵר לְמַטָּה** בתוך א"ק מהאוזן עד החוטם, ירידה זאת היא הגורם שהאור **מִתְעַבֶּה** יותר **בְּצֵאתוֹ מִשָּׁם** דרך החוטם, והיציאה של האור והתלבשותו תוך הכלים דחוטם, גורם לאור להתעבות כאשר הוא יוצא מהכח אל הפועל, **וְעַל דֶּרֶךְ זֶה בְּהִתְפַּשְׁטוּתוֹ** של האור בפנימיות א"ק יותר **לְמַטָּה** מהחוטם, **בְּצֵאתוֹ**[93] **עַד הַפֶּה, וְיוֹצֵא קְצָתוֹ** של האור מפנימיות א"ק **דֶּרֶךְ שָׁם** ר"ל דרך הפה, והוא בחינת נפש דע"ב דס"ג, ואור זה נקרא ב"ן דע"ב דס"ג, **מִתְעַבֶּה** עוד יותר **בְּצֵאתוֹ מִשָּׁם** מהפה לחוץ, אור הפה מתעבה יותר מאור החוטם והאוזן, אבל בתוך א"ק אין שינוי לאור, **בְּהִתְרַחֲקוּתוֹ מֵהַמָּקוֹר הָעֶלְיוֹן** שהוא שורש האור, והוא הא"ס ב"ה, **אֲבָל לֹא לְסִיבַּת בְּזִיזַת הָאוֹר בְּעַצְמוֹ** מתעבה האור, כי בפנימיות א"ק האור **כּוּלּוֹ שָׁוֶה כַּנַּ"ל** ורק שהאור יוצא לחוץ הוא מתעבה.[94] **אַךְ הַמַּשְׂכִּיל יָבִין כִּי אוֹר שֶׁל מוּזִין נִקְרָא**

תרשים ב – כ"ח.

[90]

כלל – התרחקות האור מהשורש נקרא עיבוי.

[91]

בית לחם יהודה ש"ה פ"ב - וכאשר נמשך האור הזה בפנימיות הא"ק עד הגיעו אל החוטם. מבואר מזה שאורות אח"ף יצאו באור ישר ולא באור חוזר, ודלא כרבי גדליה בפרק א' דאח"ף, שכתב וכל זה הוא דין וכו', יעו"ש.

[92]

הרב ז"ל כותב **קצת** כך רומז הרב ז"ל כי לא כל האור יוצא אלא חלק קטן ממנו הנקרא הבל.

[93]

הגהות וביאורים)ה(- בע"ח כתב יד ליתא מילת בצאתו.

[94]

יוצא שבפנימיות א"ק אין חילוק מדרגות באור דא"ק, ורק בחיצוניות האור יש חילוק מדרגות, וחילוק המדרגות נגרם על ידי הכלים שהאור מתלבש בהם. עם כל זה גם בפנימיות א"ק מתחלקים האורות לעסמ"ב, והאורות היוצאים דרך אח"פ הם גם מתחלקים תוך א"ק. **ומקומם בפנימיות א"ק** ההוא באותו מקום שמגיעים האורות בחיצוניות א"ק. כלומר אור האוזן היוצא מפנימיות א"ק, מגיע בפנימיותו עד עד מקום שבולת הזקן, וכן אור

עָ"בּ הכולל דא"ק, ואור זה יוצא דרך השערות שבקרקפתא דא"ק, **וזֹה** האור היוצא דרך נקבי הפנים נִקְרָא **סֹ"גֹ** והוא סמ"ב דע"ב דס"ג, **ודי בֹזֹה**[95] והמשכיל יבין עוד מה לעמיק בסוגיה זאת[96] של חלוקי האורות בפנימיות א"ק.

החוטם בפנימיותו מגיע עד החזה שא"ק, ואור הפה בפנימיותו מגיע עד הטבור דא"ק מבפנים. וכל זה כדי שהאור שבפנימיות א"ק ישפיע לאור שבחיצוניות א"ק דרך נקבי הגוף.
[95]

הגהות וביאורים (ו — עד כאן מספר אוצרות חיים.
[96]

כלל — כאשר הרב ז"ל כותב **ודי בזה**, הכוונה שיש עוד מה ללמוד ולהעמיק.

עֵץ חַיִּים

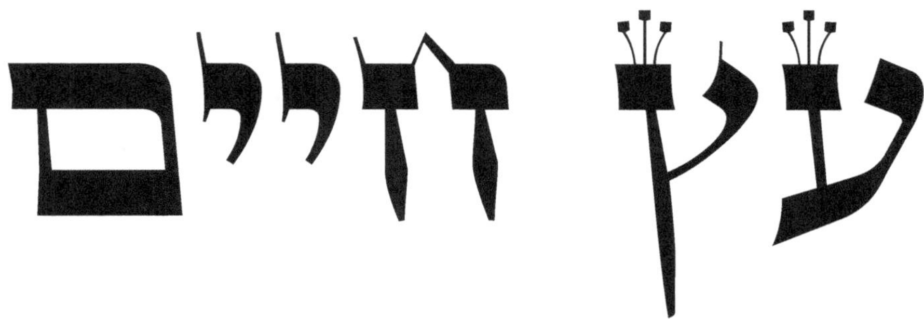

לְרַבֵּינוּ חַיִּים וִויטָאל

שֶׁקִיבֵּל מִמָּרָן הָאֲרִ"י זלה"ה

שַׁעַר ה'

שַׁעַר טנת"א

פֶּרֶק ב'

חֵלֶק הַתַּרְשִׁימִים טַבְלָאוֹת וְצִיוּרִים

שְׁמוֹזַת חַיִּים

הקדמה קצרה

דע כי כל התרשימים הציורים והטבלאות, הם אך ורק לשכך את האוזן, ולשבר את העין. וכל הציורים הם לא שלמים.

כתב הרי"ח הטוב ברב פעלים ח"ב בסוד ישרים ה' - אך דע לך כי סדר התלבשות המחצבים שכתב מהרח"ו בשערי קדושה עד עולם הזה שאנחנו עומדים בו. וכן סדר התלבשות הפרצופים אשר בכל מחצב ומחצב, וסדר התלבשות העולמות זה בזה, והיושר והעיגולים, לא את איש דכיל למנלע רזא דנא, איך היא עשוי, איך הוא עומד, ולא אפשר לשכל אנושי לצייר כל הנזכר על אמתיתם, ועל בוריין מפני כי שכל האנושי בהיותו עצור ומונח בגוף גשמיי, אי אפשר לי להשיג דבר רוחני, והוא זה דומה לאדם סומא מן הבטן שלא ראה מאורות מימיו, דודאי אי אפשר לו לצייר מראות השמש והירח הנראין לעיני הבריות, וכל שכן מה שיש למעלה למעלה.

וכן כתב ברב פעלים ח"א בסוד ישרים א' - סוף דבר הכל נשמע, ה' אחד ושמו אחד, ואין לו גוף ולא דמות הגוף, ואין לו שום ציור, ותמונה ודמיון כלל ועיקר, וגם כל העולמות וספירות הקדושים למעלה אין להם ציור ודמיון של גופים האלה כלל, ואין מי שיוכל לידע איך הוא עמידתם וסדרם, ואיך עומדים עולמות היושר ועולמות העיגולים, ואיך מתחברים זה עם זה, ואיך נמשך השפע מזה לזה, ואיך הוא תוארם ומראיהם, ואיך הוא מהות השפע המחיה אותם, ומקיים אותם, וכמה הוא שיעור אורכם וגובהן ורחבם, ואיך הם נכללים זה בזה, ומלבישים זה לזה, כי בכל זאת אין שום שכל אנושי יוכל לדעת, ולהבין, ולהשיג, כלל ועיקר.

הרב ז"ל כתב בשער אח"פ תחילת פ"א וז"ל - כבר ידעת כי אין בנו כח לעסוק קודם אצילות עשר ספירות, ולא לדמות שום דמיון וצורה כלל ח"ו, אך לשכך האזן, אנו צריכים לדבר דרך משל ודמיון, לכן אף אם נדבר במציאות ציור שם למעלה, אין הדבר רק לשכך האזן. אמנם דע כי עשר ספירות דאצילות הם שתי עניינים. האחד הוא התפשטות הרוחניות, והשני הוא כלים ואברים אשר העצמות מתפשט בהם. והנה צריך שיהיה לכל זה שורש למעלה לשתי בחינות אלו, ולכן צריכין אנו לדבר בסדר המדרגות מראש עד סוף, והנה נתחיל ונאמר כי הלא הא"ס ב"ה אין בו שום ציור כלל ח"ו כמבואר.

הרב ז"ל כתב בשער טנת"א פ"א - והנה אף על פי שאנו מכנים וקוראים כאן כנויים אלו כגון אדם ראש אזנים וכיוצא אינו רק לשכך האזן לשיובנו הדברים לכן אנו מכנים כנויים אלו במקום גבוה, עד כאן לשונו.

וכן הרמ"ק בפרדס רימונים ש"ו פ"א - וצ־יירו להם המקובלים צורות ביריעות גדולות וקראום אילן. הרב ז"ל כתב בסוף ש"ה פ"ד וז"ל - ואמנם דבר גלוי הוא כי אין למעלה גוף ולא כח גוף חלילה. וכל הדמיונות והציורים אלו לא מפני שהם כך חס ושלום. אמנם לשכך את האוזן לכשיוכל האדם להבין הדברים העליונים הרוחניים בלתי נתפסים ונרשמים בשכל האנושי, לכן ניתן רשות לדבר בבחינת ציורים ודמיונים, כאשר הוא פשוט בכל ספרי הזוהר. וגם בפסוקי התורה עצמה כולם כאחד עונים ואומרים בדבר הזה כמו שאמר הכתוב עיני ה' המה משוטטים בכל הארץ. עיני ה' אל צדיקים. וישמע ה'. וירח ה'. וידבר ה'. וכאלה רבות וגדולה מכולם מה שאמר הכתוב ויברא אלהים את האדם בצלמו בצלם אלהים ברא אותו זכר ונקבה וגו'. ואם התורה עצמה דברה כך גם אנחנו נוכל לדבר כלשון הזה, עם היות שפשוט הוא שאין שם למעלה אלא אורות דקים, בתכלית הרוחניות, בלתי נתפשים שם כלל, וכמו שאמר הכתוב כי לא ראיתם כל תמונה, וכאלה רבות.

ואמנם יש עוד דרך אחרת כדי להמשיך ולצייר בה הדברים העליונים, והם בחינת כתיבת צורת אותיות, כי כל אות ואות מורה על אור פרטי עליון, וגם תמונת זו דבר פשוט הוא כי אין למעלה לא אות, ולא נקודה, וגם זה דרך משל וציור לשכך את האוזן כנזכר. ולכן נבאר עתה הקדמה הנזכר על דרך ציור האותיות גם כן ובבחינת ציורים אלו, הן ציור האדם, והן ציור אותיות, שתיהן מוכרחים להבין ענין האורות העליונים, כאשר תראה ספרי הזוהר בנויים על שתי בחינות הציורים האלה, עד כאן לא.

ולכן גם אנחנו הרשינו לעצמינו לצייר ציורים, תרשימים וטבלאות, אך ורק כדי לשכך את האוזן, ולשבר את העין, כדי להבין את הסוגייה.

אח"י

תרשימים שער ה' פרק ב'

סדר שמות ההיכלות והשערים בעץ חיים

טו	יד	יג	יב	יא	י	ט	ח	ז	ו	ה	ד	ג	ב	א	שם השער	שער	שם היכל
										ה	ד	ג	ב	א	עיגולים ויושר	א	אדם קדמון
												ג	ב	א	השתלשלות י"ס דרך עגו'	ב	
												ג	ב	א	סדר אצילות למהרח"ו	ג	
										ה	ד	ג	ב	א	אח"פ	ד	
								ז	ו	ה	ד	ג	ב	א	טנת"א	ה	
							ח	ז	ו	ה	ד	ג	ב	א	עקודים	ו	
										ה	ד	ג	ב	א	מטי ולא מטי	ז	
									ו	ה	ד	ג	ב	א	דרושי נקודות	ח	נקודים
							ח	ז	ו	ה	ד	ג	ב	א	שבירת הכלים	ט	
										ה	ד	ג	ב	א	תיקון	י	
					י	ט	ח	ז	ו	ה	ד	ג	ב	א	מלכים	יא	
										ה	ד	ג	ב	א	עתיק	יב	הכתרים
	יד	יג	יב	יא	י	ט	ח	ז	ו	ה	ד	ג	ב	א	א"א	יג	
					י	ט	ח	ז	ו	ה	ד	ג	ב	א	או"א	יד	או"א
									ו	ה	ד	ג	ב	א	זווגים	טו	
								ז		ה	ד	ג	ב	א	הולדת או"א וזו"ן	טז	
											ד	ג	ב	א	ז"א	יז	ז"א
									ו	ה	ד	ג	ב	א	רפ"ח נצוצין	יח	
					י	ט	ח	ז	ו	ה	ד	ג	ב	א	אב"ד	יט	
			יב	יא	י	ט	ח	ז	ו	ה	ד	ג	ב	א	המוחין	כ	
												ג	ב	א	לידת המוחין	כא	
												ג	ב	א	מוחין דקטנות	כב	
							ח	ז	ו	ה	ד	ג	ב	א	מוחין דצלם	כג	
								ז	ו	ה	ד	ג	ב	א	פרקי הצלם	כד	
							ח	ז	ו	ה	ד	ג	ב	א	דרושי הצלם	כה	
											ד	ג	ב	א	צלם	כו	
											ד	ג	ב	א	פרטי עי"מ	כז	
										ה	ד	ג	ב	א	עיבורים	כח	
						ט	ח	ז	ו	ה	ד	ג	ב	א	נסירה	כט	
								ז	ו	ה	ד	ג	ב	א	פרצופים	ל	
										ה	ד	ג	ב	א	פרצופי זו"ן	לא	
						ט	ח	ז	ו	ה	ד	ג	ב	א	הארת המוחין	לב	
										ה	ד	ג	ב	א	אונאה	לג	
								ז		ה	ד	ג	ב	א	תיקון הנוקבא	לד	נוק' דז"א
										ה	ד	ג	ב	א	הירח	לה	
											ד	ג	ב	א	מעוט הירח	לו	
										ה	ד	ג	ב	א	יעקב ולאה	לז	
						ט	ח	ז	ו	ה	ד	ג	ב	א	לאה ורחל	לח	
טו	יד	יג	יב	יא	י	ט	ח	ז	ו	ה	ד	ג	ב	א	מ"ן ומ"ד	לט	
טו	יד	יג	יב	יא	י	ט	ח	ז	ו	ה	ד	ג	ב	א	פנימיות וחצוניות	מ	
												ג	ב	א	חשמל	מא	
			יב	יא	י	ט	ח	ז	ו	ה	ד	ג	ב	א	דרושי אבי"ע	מב-א	אבי"ע
											ד	ג	ב	א	כללות אבי"ע	מב-ב	
															ציור עולמות אבי"ע	מג	
								ז		ה	ד	ג	ב	א	שמות	מד	
											ד	ג	ב	א	מקיפין	מה	
									ו	ה	ד	ג	ב	א	כסא הכבוד	מו	
									ו	ה	ד	ג	ב	א	סדר אבי"ע	מז	
												ג	ב	א	קליפות	מח	
						ט	ח	ז	ו	ה	ד	ג	ב	א	קליפת נוגה	מט	
					י	ט	ח	ז	ו	ה	ד	ג	ב	א	קיצור סדר אבי"ע	נ	

טבלת ערכים

עשיה	יצירה	בריאה	אצילות	אדם קדמון	עולמות
נוקבא	ז"א	אמא	אבא	ע"י וא"א	פרצופים
מלכות	חג"ת נה"י	בינה	חכמה	כתר	ספירות
ה	ו	ה	י	קוץ של י'	הוי"ה
נפש	רוח	נשמה	חיה	יחידה	אורות
ב"ן - יוד הה וו הה	מ"ה - יוד הא ואו הא	ס"ג - יוד הי ואו הי	ע"ב - יוד הי ויו הי	שורש הוי"ה	מילוי
אותיות	תגין	נקודות	טעמים	שורשים	טנת"א
אין ניקוד	סגול, שוה, חולם חיריק, קבוץ, שורוק	צרי	פתח	קמץ	נקודות
עטרת היסוד	גוף וברית	מוח שמאל	מוח ימין	גולגולתא	אדם
כבד	לב	מוח	ל - מקיף, חיה	מ - מקיף, יחידה	מל"ץ
היכל	לבוש	גוף	נשמה	שורש	שנגל"ה
יעו"ר	זו"ן	ישסו"ת	או"א עלאין	עו"ן ואאו"ן	י"ב פרצופים
כלים	לבושים	צלמים	מוחין	אורות	כל צמא
עור	בשר	גידין	עצמות	מוח	אברים
דיבור	ריח	שמיעה	ראיה	מוח	חושים
חושך	מלאכים	נשמות	ספירות	א"ס	מחצבים
צ' כבד	צ' לב	צ' מוח	ל' מקיף א'	מ' מקיף ב'	צלם
דומם	צומח	חי	מדבר	אלוקות	דחצ"מ
עפר	רוח	אש	מים	יולי	יסודות
וילון	מכון, מעון, זבול שחקים, רקיע	ערבות	ערבות	ערבות	רקיעים
לבנה	ככבים	מזלות	גלגל היומי	גלגל השכל	גלגלים
לבנת הספיר	אהבה, זכות, רצון, עצם השמים, לבנת הספיר	קודש קודשים	קודש קודשים	קודש קודשים	היכלות
כו - וד ה ו ה	יט - וד א או א	לז - וד י או י	מו - וד י יו י		מילוי הוי"ה
קנ"ב - אלף הה יוד הה	קמ"ג - אלף הא יוד הא	קס"א - אלף הי יוד הי	קס"א - אלף הי יוד הי	קס"א - אלף הי יוד הי	אהי"ה

מ"ד

מלכות	יסוד	הוד	נצח	תפארת	גבורה	חסד	בינה	חכמה	כתר
כתר	כתר	כתר	כתר	כתר	כתר	כתר	כתר	כתר	כתר
חכמה	חכמה	חכמה	חכמה	חכמה	חכמה	חכמה	חכמה	חכמה	חכמה
בינה	בינה	בינה	בינה	בינה	בינה	בינה	בינה	בינה	בינה
חסד	חסד	חסד	חסד	חסד	חסד	חסד	חסד	חסד	חסד
גבורה	גבורה	גבורה	גבורה	גבורה	גבורה	גבורה	גבורה	גבורה	גבורה
תפארת	תפארת	תפארת	תפארת	תפארת	תפארת	תפארת	תפארת	תפארת	תפארת
נצח	נצח	נצח	נצח	נצח	נצח	נצח	נצח	נצח	נצח
הוד	הוד	הוד	הוד	הוד	הוד	הוד	הוד	הוד	הוד
יסוד	יסוד	יסוד	יסוד	יסוד	יסוד	יסוד	יסוד	יסוד	יסוד
מלכות	מלכות	מלכות	מלכות	מלכות	מלכות	מלכות	מלכות	מלכות	מלכות

ב"ן

מלכות	יסוד	הוד	נצח	תפארת	גבורה	חסד	בינה	חכמה	כתר
כתר	כתר	כתר	כתר	כתר	כתר	כתר	כתר	כתר	כתר
חכמה	חכמה	חכמה	חכמה	חכמה	חכמה	חכמה	חכמה	חכמה	חכמה
בינה	בינה	בינה	בינה	בינה	בינה	בינה	בינה	בינה	בינה
חסד	חסד	חסד	חסד	חסד	חסד	חסד	חסד	חסד	חסד
גבורה	גבורה	גבורה	גבורה	גבורה	גבורה	גבורה	גבורה	גבורה	גבורה
תפארת	תפארת	תפארת	תפארת	תפארת	תפארת	תפארת	תפארת	תפארת	תפארת
נצח	נצח	נצח	נצח	נצח	נצח	נצח	נצח	נצח	נצח
הוד	הוד	הוד	הוד	הוד	הוד	הוד	הוד	הוד	הוד
יסוד	יסוד	יסוד	יסוד	יסוד	יסוד	יסוד	יסוד	יסוד	יסוד
מלכות	מלכות	מלכות	מלכות	מלכות	מלכות	מלכות	מלכות	מלכות	מלכות

ב"ן / מ"ד

ב"ן	שם	מ"ד
ה"ר דכתר דב"ן, ג"ר דחכמה, וד"א דבינה, וז' כתרים דז' תחתונות	עתיק	י' ספירות דכתר דמ"ה
ה"ת דכתר דב"ן	אריך	י' ספירות דחכמה דמ"ה
ז"ת דחכמה דב"ן	חכמה	ה"ר דבינה דמ"ה
ו"ת דבינה דמ"ה	בינה	ה"ת דבינה דמ"ה
כללות ט"ס תחתונות דו"ק דב"ן	ז"א	כללות ו"ק דמ"ה
ט' ספירות תיתונות דמלכות דב"ן	מלכות	י' ספירות דמלכות דמ"ה

תרשים ב - ב

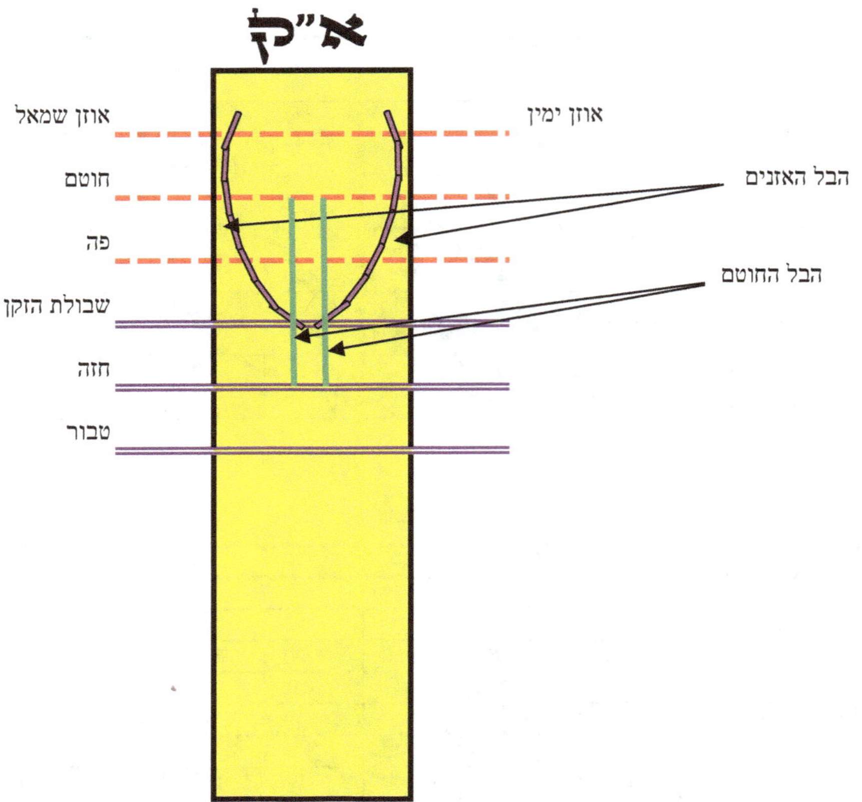

תרשים ב - ג

יעקב ורחל עטרות דיסוד

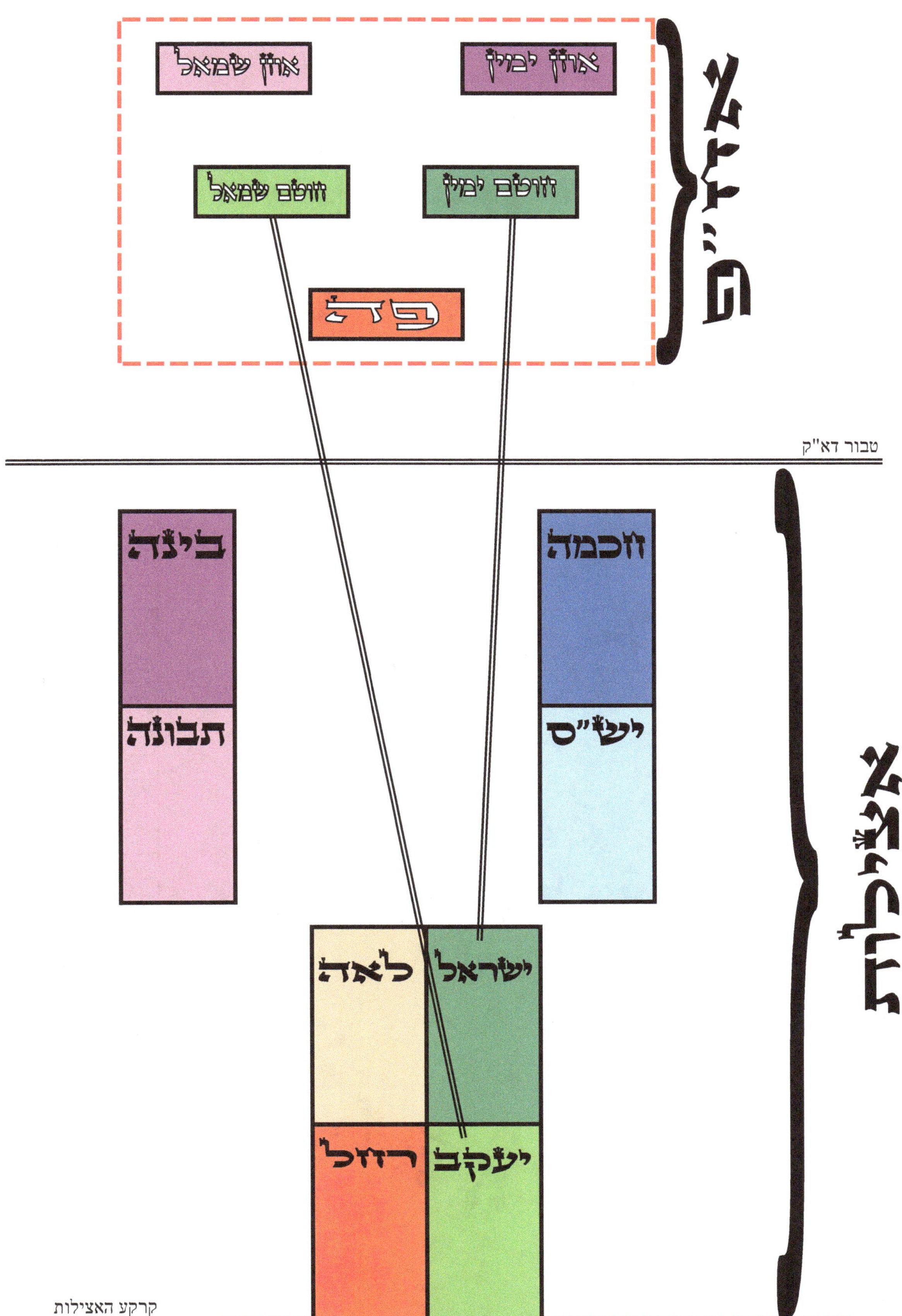
אוזן שמאל
אוזן ימין
חוטם שמאל
חוטם ימין
פה
צלם
טבור דא"ק
בינה
חכמה
תבונה
יעש"ס
אצילות
לאה
ישראל
רחל
יעקב
קרקע האצילות

תרשים ב - ה

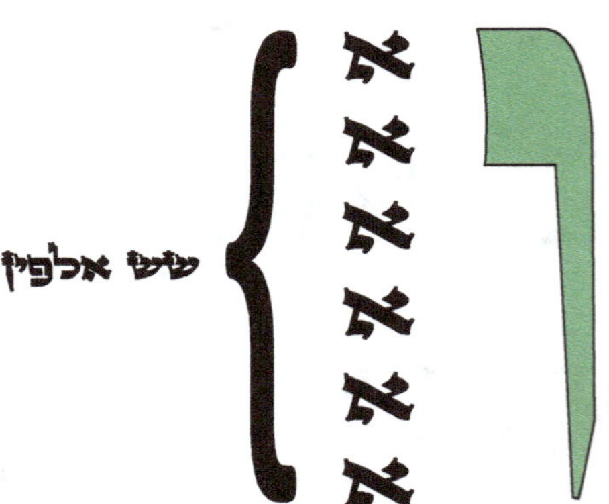

תרשים ב - ו

גולגול ת - א

	א
1	א
2	ב
3	ג
4	ד
5	ה
6	ו
7	ז
8	ח
9	ט
10	י
20	כ
30	ל
40	מ
50	נ
60	ס
70	ע
80	פ
90	צ
100	ק
200	ר
300	ש
400	ת
500	ך
600	ם
700	ן
800	ף
900	ץ
אלף	א

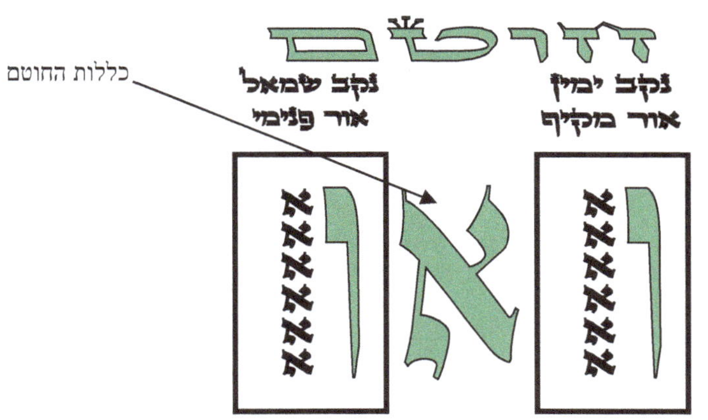

בֹמֹצֹין
ל"ג

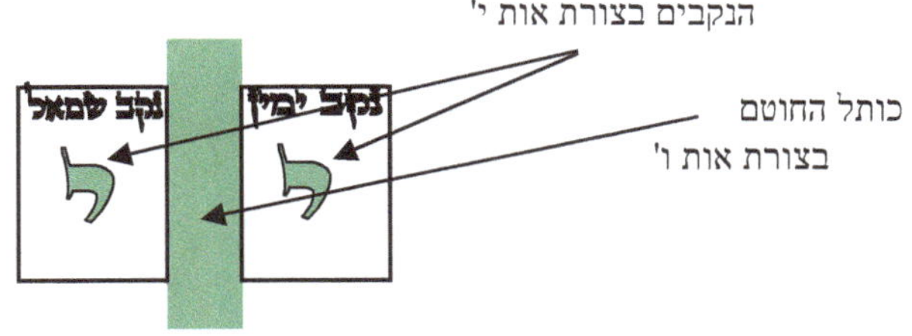

ל"ג

בֹצֹיור
ל"ג

תרשים ב - י"א

וי"ו שבשם ע"ב
וא"ו שבשם ס"ג

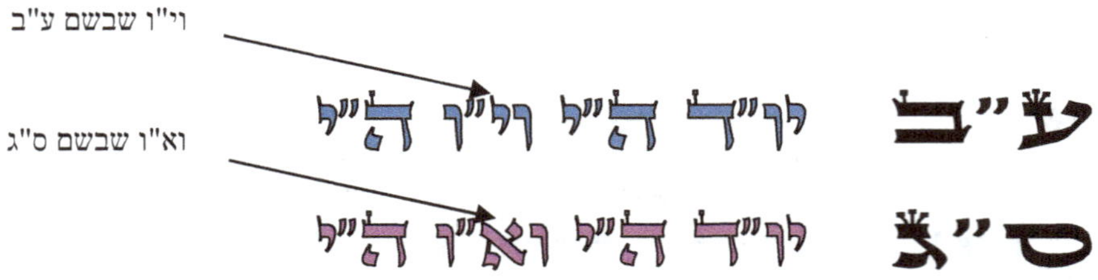

תרשים ב - י"ב

צורת מקף
צורת מקף

זַרְקָא מַקַף־שׁוֹפָר הוֹלֵךְ סְגוֹלְתָּא פָּזֶר גָּדוֹל
תַּלְשָׁא אַזְלָא גְּרִישׁ פָּזֵקוּ רְבִיעַ קַדְמָא
שׁוֹפָר־מְהֻפָּךְ פַּשְׁטָא תְּרֵי־קַדְמִין זָקֵף קָטָן
זָקֵף גָּדוֹל שַׁלְשֶׁלֶת שְׁנֵי־גְרִישִׁין תְּרֵי טַעֲמֵי
דַּרְגָּא תְּבִיר מָאֲרִיךְ טַרְחָא אַתְנָח יְתִיב
מָאֲרִיךְ טַרְחָא סוֹף פָּסוּק ׃

תרשים ב - י"ג

מקף
פסק
צורת אות ד'

תרשים ב - י"ד

אֲדֹנָי

יכוין להמשיך ה' אלפין הרמוזים בה' מתאה דהוי"ה, מה' מהיה שבכלימא
שהס ה"ג מנלפ"ך, להמתיק ה"פ דין שכנוק' ולעשותם ה"פ אדני גי' שכ"ה.

ר	פ	צ	נ	מ
אהיה	אהיה	אהיה	אהיה	אהיה
דין	דין	דין	דין	דין
אדני	אדני	אדני	אדני	

יהוה להמשיך הארת ה מתאה להמתיק פ"ר דינים מנצפ"ך כמספר אדני
שהאלף בציור רי"ו, ודי"ן גי' פ"ר מה אֲדֹנָי ויעשו פר"ה.

א' בצורת יו"ר
והיא רי"ו

י י"ו שינים עליונים א, אל, אלה, אלהי, אלהים גי' ר' מניך עליון, ועס י"ו שינים
עליונים הרי רי"ו.

א י"ו שינים תחתונים א, אל, אלה, אלהי, אלהים גי' ר' מניך תחתון, ועס י"ו
שינים תחתונים הרי רי"ו.

דין להמתיק ב' הרי"ו בל"ב שינים הנ"ל ע"י טמינתם את ב' הריבועים הנ"ל.

שְׂפָתַי

בומף אותיות השפתיים גי' כ"פ דין שהס ב' רי"ו הנז"ל, וכנגד ש"ך ופ"ר,
להמתיקם במילוי עסמ"ב גי' בומף הנז'.

ודי יוי ודי אוי וד אוא ודהוה

י א אל אלה אלהי אלהים רי"ו		דין דין דין דין ש"ד
א א אל אלה אלהי אלהים רי"ו		מנצפך פ"ר

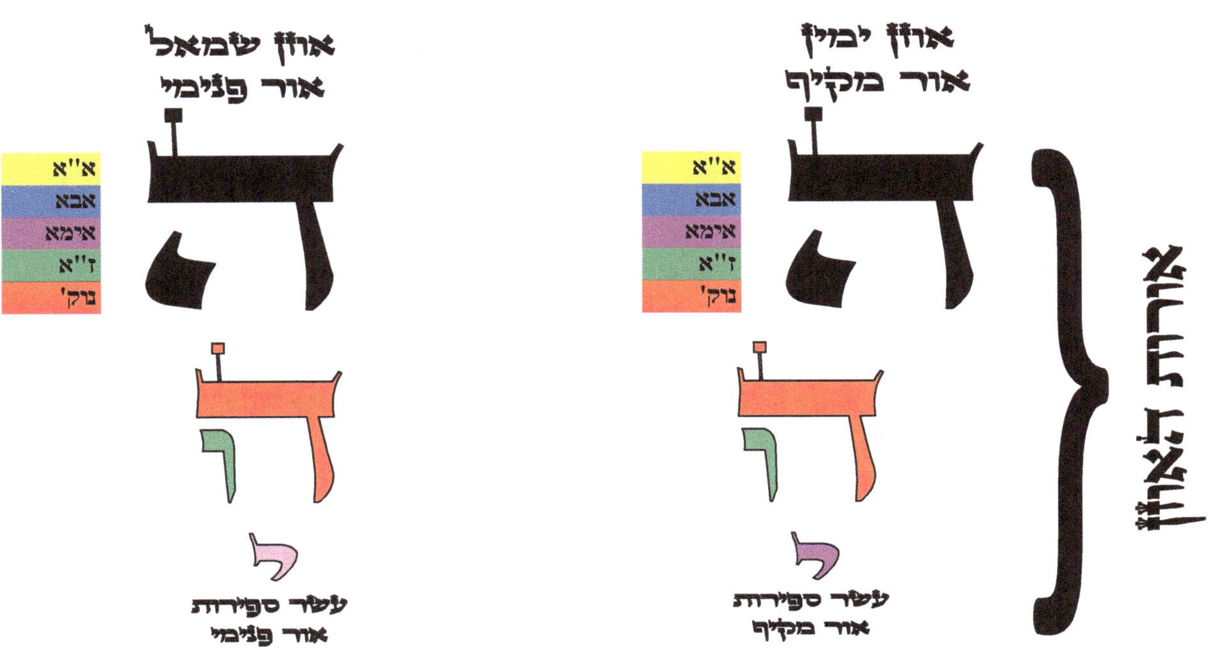

אוֹן ימין
אור מקיף

אוֹן שׂמאל
אור פּנימי

א"א	
אבא	
אימא	
ז"א	
ברק'	

אורות תאוׁן

עׂשׂר ספׂירׂת
אור פּנימי

עׂשׂר ספׂירׂת
אור מקיף

זוטם

נקב שׂמאל
אור פּנימי

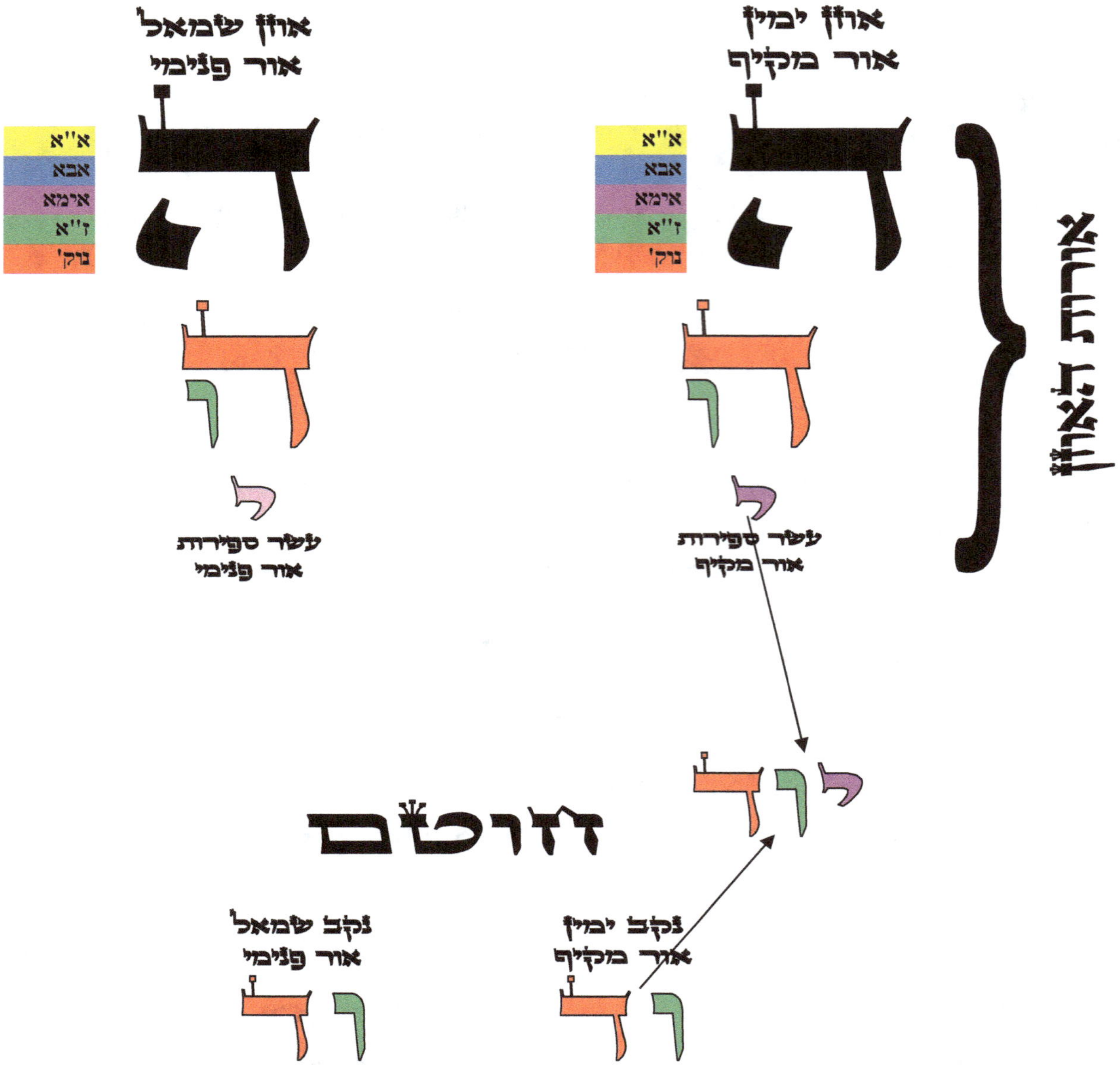

נקב ימין
אור מקיף

אור מקיף

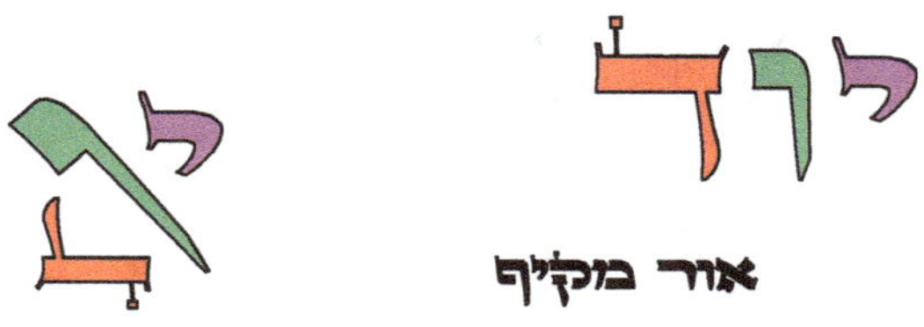

תרשימים שער ה' פרק ב'

תרשים ב - י"ט

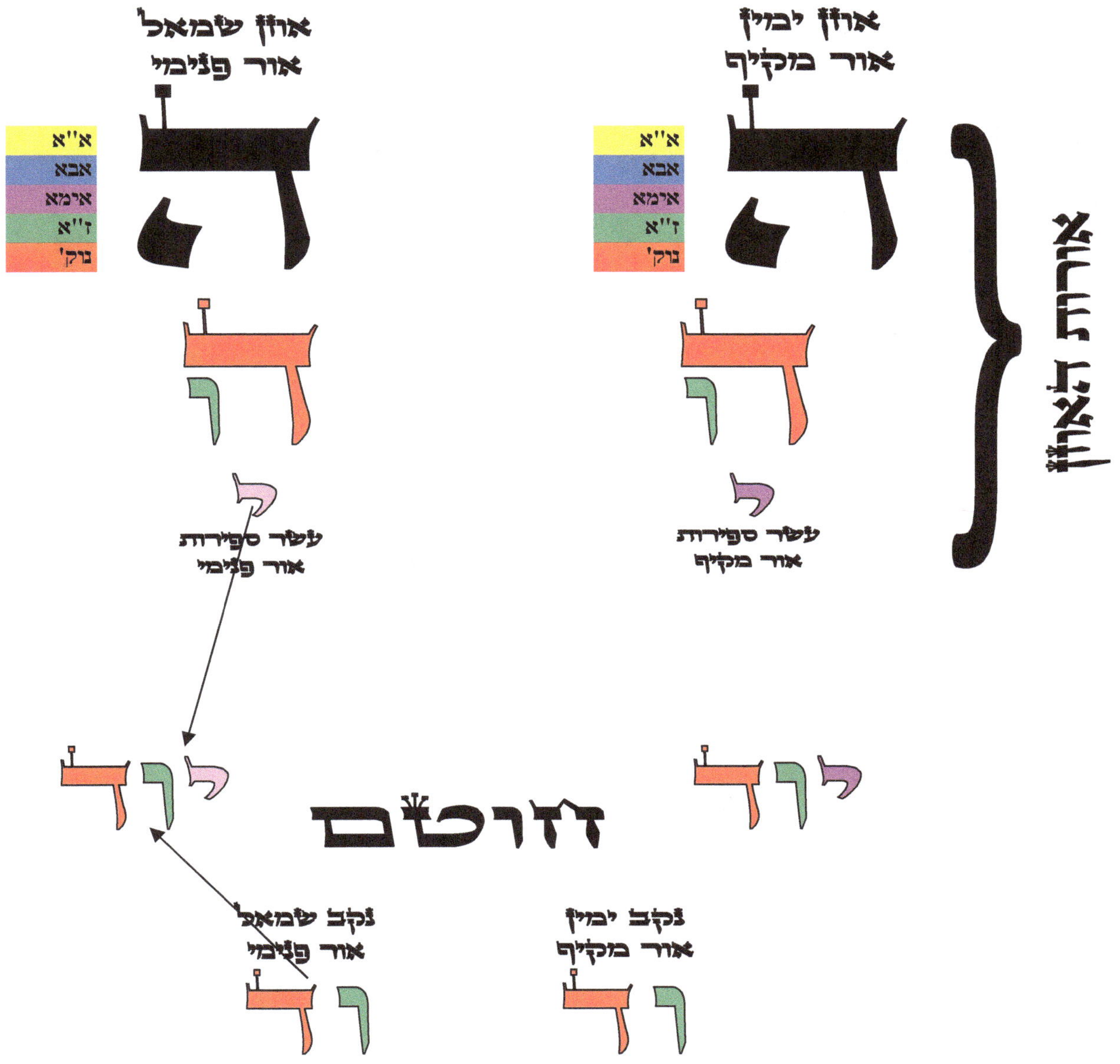
אוזן ימין
אור מקיף
אוזן שמאל
אור פנימי
א"א
אבא
אימא
ז"א
נוק'
א"א
אבא
אימא
ז"א
נוק'
אורות דאוזן
עשר ספירות
אור מקיף
עשר ספירות
אור פנימי
חוטם
נקב ימין
אור מקיף
נקב שמאל
אור פנימי

תרשים ב - כ

אור מקיף
אור פנימי

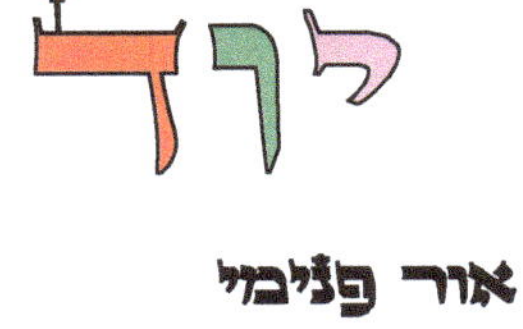

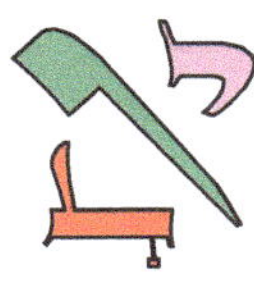

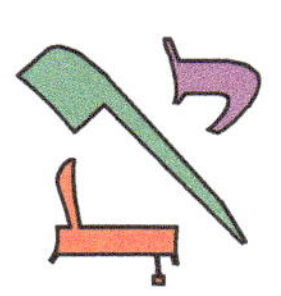

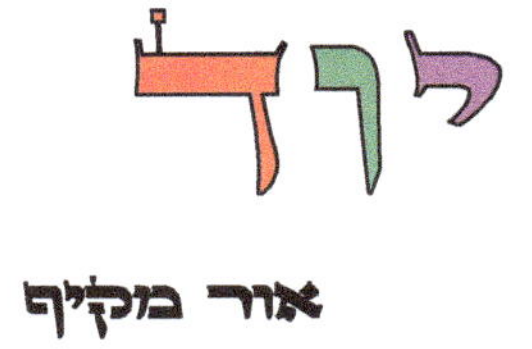

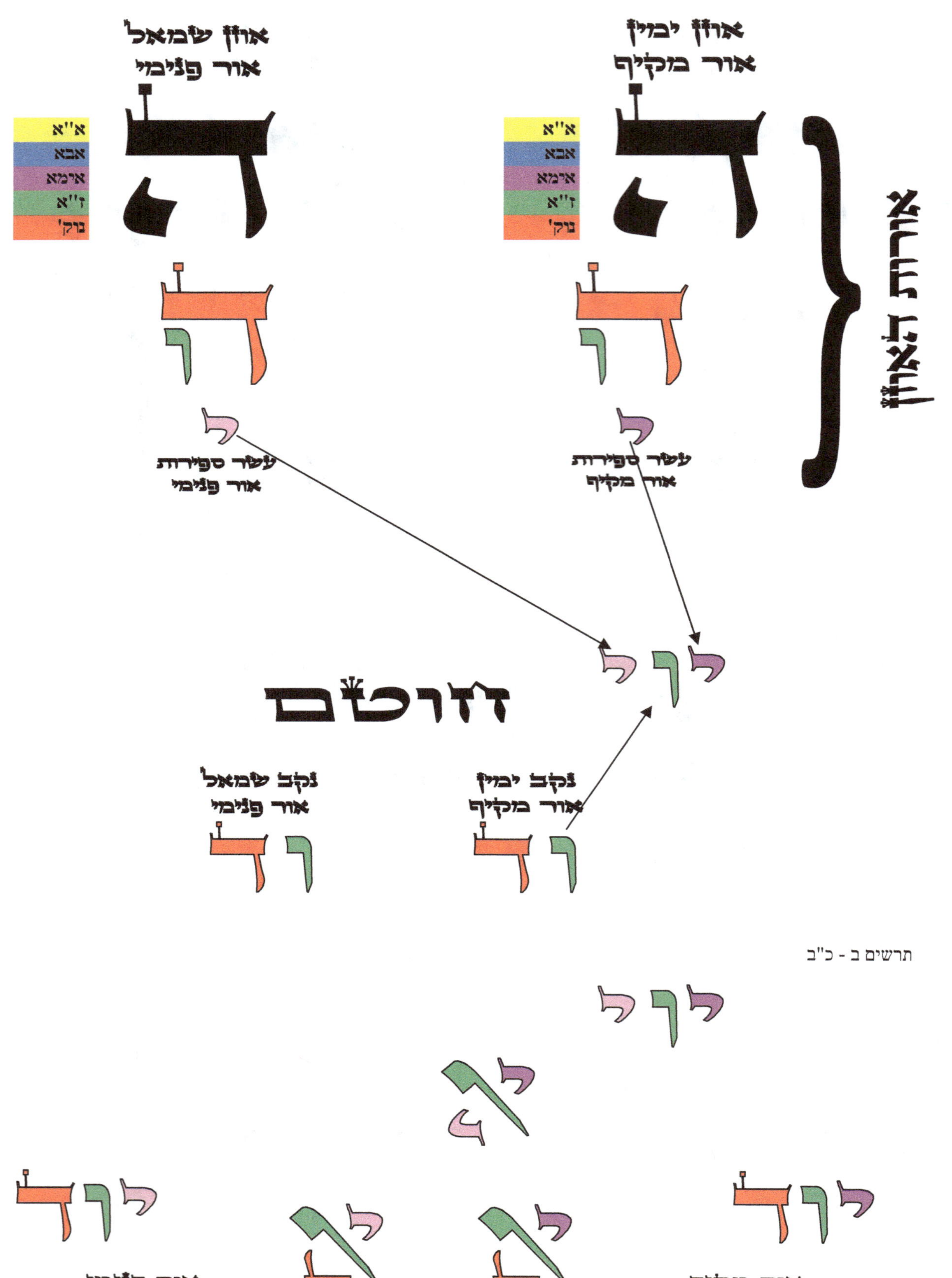
תרשים ב - כ"א
אוזן ימין
אור מקיף
אוזן שמאל
אור פנימי
א"א
אבא
אימא
ז"א
בוק'
א"א
אבא
אימא
ז"א
בוק'
אורות המאוזן
עשׂר ספירות
אור מקיף
עשׂר ספירות
אור פנימי
זזוטם
נקב ימין
אור מקיף
נקב שמאל
אור פנימי
תרשים ב - כ"ב
אור מקיף
אור פנימי

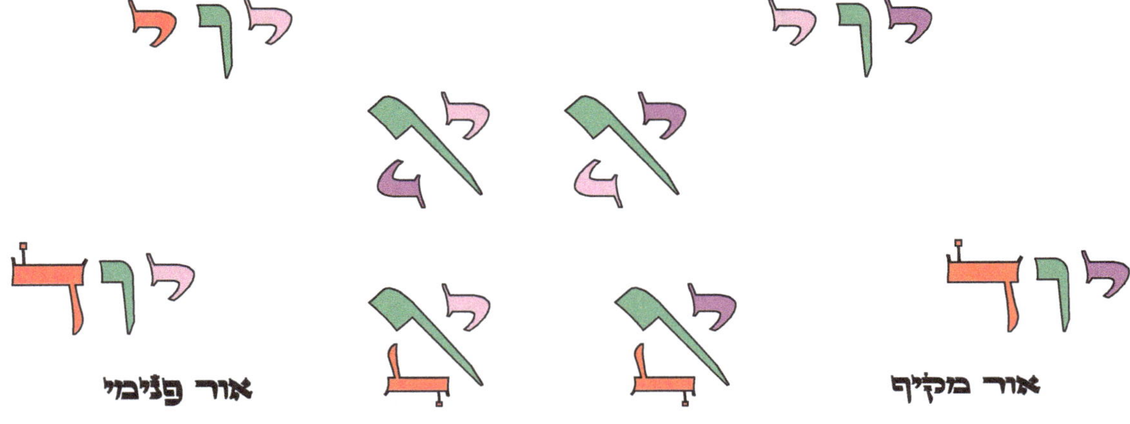

תרשימים שער ה׳ פרק ב׳

תרשים ב - כ"ג

אוזן ימין
אור מקיף
אוזן שמאל
אור פנימי
א"א
אבא
אימא
ז"א
נוק'
א"א
אבא
אימא
ז"א
נוק'
אורות האזן
עשר ספירות
אור מקיף
עשר ספירות
אור פנימי
חוטם
נקב ימין
אור מקיף
נקב שמאל
אור פנימי

תרשים ב - כ"ד

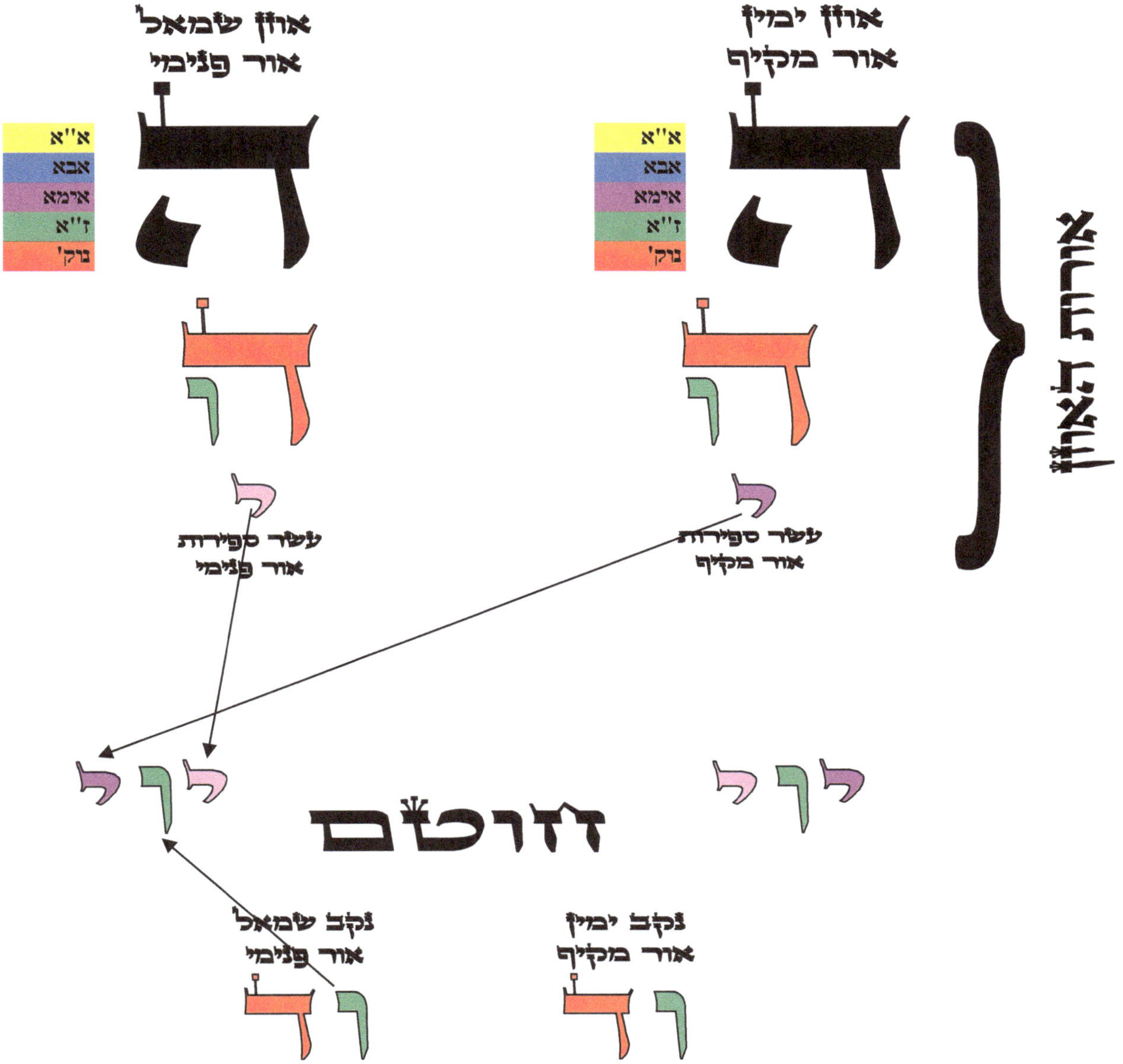

אור פנימי
אור מקיף

תרשים ב - כ"ה

א"ק
אוזן
הבל היוצא דרך האוזן
ג"ר
חוטם
פה
שבולת הזקן
חזה
טבור

תרשים ב - כ"ו

א"ק
אוזן
הבל היוצא דרך האוזן
ג"ר
חוטם
הבל היוצא דרך החוטם
ג"ר ו"ק ג"ר
פה
ו"ק ו"ק
שבולת הזקן
חזה
טבור

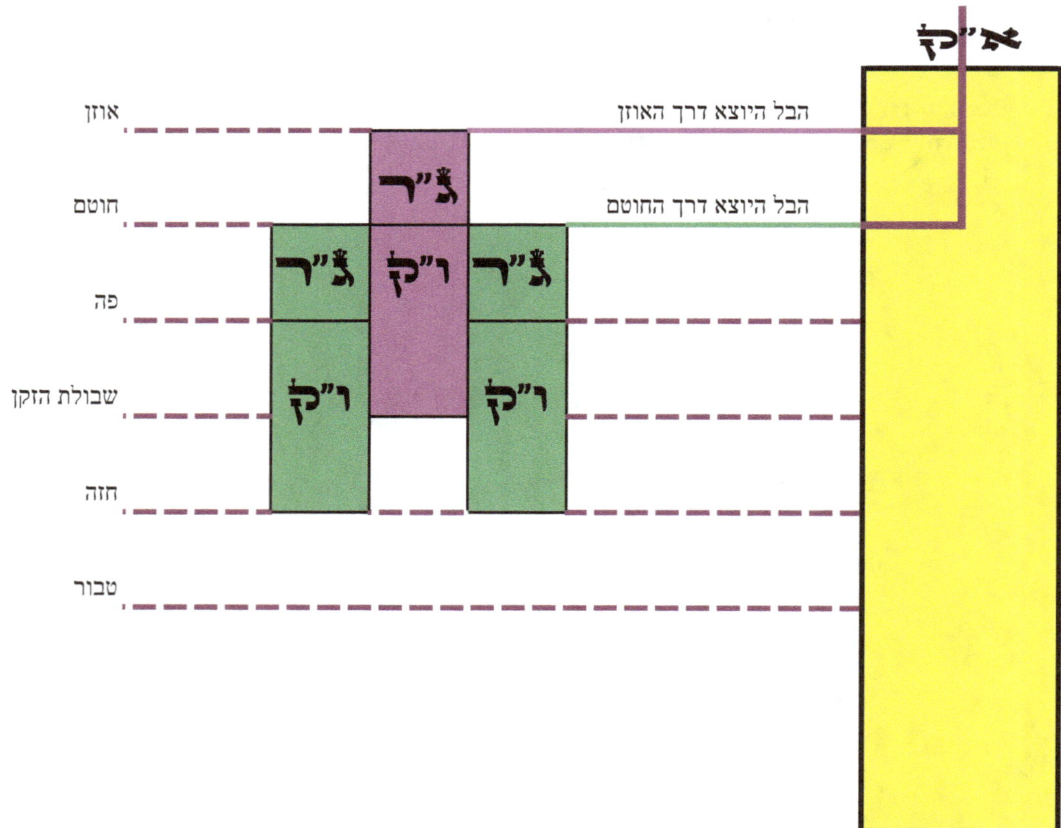

תרשימים שׁער ה' פרק ב'

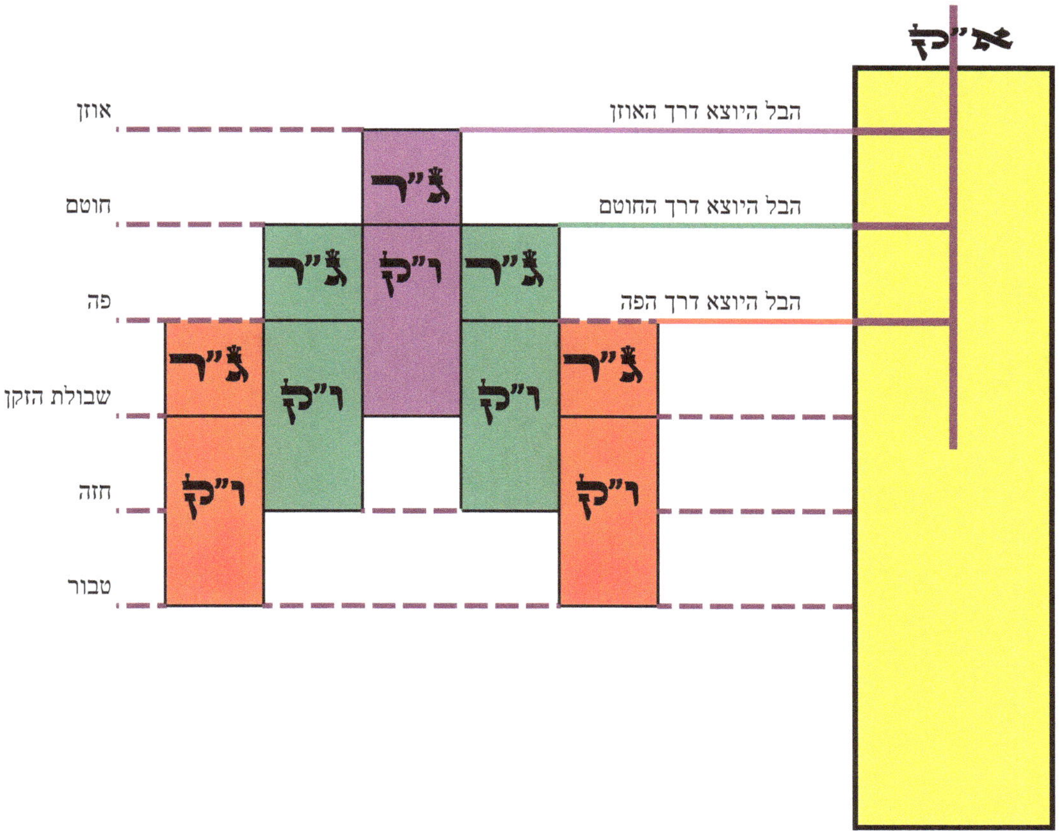